共享经济背景下大学生德育研究

王浩沣 著

吉林大学出版社
·长春·

图书在版编目（CIP）数据

共享经济背景下大学生德育研究 / 王浩沣著 . —— 长春：吉林大学出版社，2023.12
ISBN 978-7-5768-2852-8

Ⅰ．①共… Ⅱ．①王… Ⅲ．①大学生－德育－研究 Ⅳ．① G641

中国国家版本馆 CIP 数据核字 (2023) 第 256316 号

书　　名	共享经济背景下大学生德育研究
	GONGXIANG JINGJI BEIJINGXIA DAXUESHENG DEYU YANJIU
作　　者	王浩沣
策划编辑	矫　正
责任编辑	矫　正
责任校对	李潇潇
装帧设计	久利图文
出版发行	吉林大学出版社
社　　址	长春市人民大街 4059 号
邮政编码	130021
发行电话	0431-89580028/29/21
网　　址	http://www.jlup.com.cn
电子邮箱	jldxcbs@sina.com
印　　刷	天津鑫恒彩印刷有限公司
开　　本	787mm×1092mm　1/16
印　　张	8.75
字　　数	150 千字
版　　次	2024 年 6 月　第 1 版
印　　次	2024 年 6 月　第 1 次
书　　号	ISBN 978-7-5768-2852-8
定　　价	68.00 元

版权所有　翻印必究

前言 Preface

  共享经济业已成为中国经济发展的新动能之一。共享经济是在新科技革命与产业变革推动下出现的一种新的经济商业模式，如果从1978年美国社会学家马科斯·费尔逊（Marcus Felson）和琼·斯潘（Joe L.Spaeth）发文首次提出协同消费（Collaborative Consumption）概念算起，共享经济已历经了40多年。1995年，世界上第一个分享物品的C2C网站eBay成立，2000年，由"共享经济鼻祖"罗宾·蔡斯（Robin Chase）创建的全球第一家汽车分享网站Zipcar成立，共享经济正式启航，不同的企业和个人也陆续试水。2008年全球金融危机爆发后，得益于移动互联网的勃兴与普及，共享经济进入加速发展期，美国共享经济的标志性企业Airbnb和Uber相继成立，并引领了全球共享经济的发展热潮。借助于可视化的移动LBS（Location Basde Service，即基于位置服务）应用、动态算法与定价、双方互评体系等移动互联网技术，共享经济解决了以往交易中的信息偏在问题，大大降低了交易成本，极大地优化了资源配置方式，提高了闲置资源的利用效率，使原本的存量竞争转化为增量博弈，并改变了传统的商业运行逻辑与供应链组合，显著提高了相关应用行业的经济运行效率。2012年，中国的"滴滴打车"和"快的打车"分别成立，标志着中国共享经济序幕的正式拉开。与过去中国在诸多领域处于追赶跟跑窘况不同的是，得益于人口、网民和流量的先天优势，中国在世界共享经济舞台上获得了同台竞技甚至担当主角的机会。

  从近十年的发展历程看，中国共享经济利用"互联网+"创造出了许多新模式和新业态，降低了消费成本，带动了就业，发展的活力与潜力巨大，已成为中国经济发展的新动能之一。目前，共享经济已发展至交通出行、房屋住宿、生活服务、知识技能、医疗服务、教育培训、金融贷款以及生产制造等领域，有"滴滴快的""哈啰单车""美团外卖""哈哈拼车""小猪短租""途家""阿姨帮""猪八戒网""疯狂老师""阿姨厨房""在行""河狸家"等典型代表，几乎涵盖了人们生活的方方面面，渗透至经济社会的各个领域。共享经济在促进灵活就业、高效率整合和优化配置海量资源、降低交易成本、提升社会资源运转效率、满足社会多样化需求和可持续发展等方面发挥着无可替代的作用，已构成中国经济发展的新动能和提升中国经济韧性与活力的重要力量。

共享经济使得陌生人之间的经济交往成为可能。另外，共享经济活动中的交易对象大多是交易主体的闲置资源，并且交换的仅仅是共享资源的使用权而不是所有权，这些都体现了现代社会人们消费观念的变化——更科学、更理性、更节约。但是由于现行的共享经济活动尚未形成一套完善的伦理体系，再加上与之相适应的法律、制度有所缺乏，共享经济活动中出现了多种违背伦理道德的经济行为和现象。目前社会中存在的道德危机以及不良行为成为社会发展的主要阻碍，共享单车3Vbike的失败让人们清楚地意识到共享单车被盗、校园"僵尸车"堆放如山等问题深切地影响着大学生德育，尤其是社会公德教育。

大学生是在共享经济全面发展的大背景下成长的一代，无论从思想上还是行为上无不带着时代的烙印。大学生善于接受新兴事物，思维活跃，富于创新的激情，但同时也表现出抗挫折能力差、思想信念薄弱的问题。因此，在共享经济腾飞的背景下，加强高校大学生德育至关重要。

而目前对共享经济这种商业模式的研究较多地集中在从经济专业的角度进行优缺点的分析，这些研究往往将研究对象集中到经济本身，而对于共享经济引起的道德反思研究较少。本书在吸收他人研究成果的基础上，对共享经济背景下大学生的公共道德问题及大学生德育进行了多方面剖析，进而提供了有针对性的对策措施，具有一定的理论意义和实践意义。

共享经济极大地便利了人们的生活，也符合当前国家所提倡的共享、绿色、创新、发展的理念。可以预见，共享经济有着光明的发展前途。我们有充足的理由相信，未来世界都会为中国共享经济的发展而感到震惊。随着共享经济的不断发展，国人素质也需要相应提高。而大学生作为接受高等教育、具有较高知识文化基底的群体，其社会公德修养的高低是整个社会公德水平的风向标。当代大学生社会公德失范现象的不断暴露，引发人们对大学生群体道德教育的质疑。从自身角度来看,大学生正处于世界观、人生观、价值观的形成时期,其生理、心理机制还未发展成熟,再加上历史、社会、家庭等各方面因素的作用,易对其道德评判和道德选择造成干扰,因此,部分大学生出现社会公德失范行为是符合马克思主义关于道德的发展规律的。作为大学生思想政治教育工作的中坚力量,高校应最大程度地发挥自身的主体作用,借助全面有效的教育方式,一定能够有效约束大学生日常行为,增强大学生的社会公德责任意识,提高其综合素质,使其成为社会栋梁,推进社会主义现代化建设。

王浩沣

2023 年春

目录

第一章　共享经济及道德问题概述 ·· 1
　一、共享经济的内涵、特征与价值理念 ································· 1
　二、共享经济中的道德问题及成因 ······································ 16

第二章　共享经济与大学生德育的内在关联 ······························ 28
　一、德育的功能与大学生德育作用 ······································ 28
　二、现代共享观之于教育的必要性 ······································ 35
　三、共享经济与大学生德育的内在关联 ································· 47

第三章　共享经济背景下大学生德育现状分析 ··························· 56
　一、共享经济背景下大学生公共道德现状 ······························· 56
　二、共享经济背景下大学生德育现状 ···································· 70

第四章　以共享发展理念构建大学生德育理论体系 ······················ 77
　一、共享经济背景下大学生社会主义核心价值观教育 ················· 78
　二、共享经济背景下大学生诚信教育 ···································· 88
　三、共享经济背景下大学生社会公德教育 ······························· 94
　四、新时代大学生共享发展理念的培育 ································· 100

第五章　共享经济背景下大学生德育创新路径 ··························· 106
　一、树立共享、共融、共识的德育理念 ································· 106
　二、共享经济背景下大学生德育创新路径 ······························ 116

参考文献 ·· 127

第一章 共享经济及道德问题概述

共享无处不在，共享无时不有，人类从未离开过共享。随着全球新一轮科技革命和产业变革的推动，以及2008年全球金融危机的"倒逼"，各种共享经济新业态、新模式渐次产生，并逐渐风靡全球。为鼓励共享经济发展，中国采取了鼓励创新、包容审慎的监管原则，新业态、新模式犹如一个个火种，以燎原之势快速涵盖了人们生活的方方面面，渗透至经济社会的各个领域。共享经济在促进灵活就业、高效率整合和优化配置海量资源、降低交易成本、提升社会资源运转效率、满足社会多样化需求方面发挥着无可替代的作用，已构成中国经济发展的新动能和提升中国经济韧性与活力的重要力量。但是由于现行的共享经济活动尚未形成一套完善的伦理体系，再加上与之相适应的法律、制度有所缺乏，共享经济活动中出现了多种违背伦理道德的经济行为和现象：比如对共享产品的恶意破坏、私人占有；不讲诚信、坑蒙拐骗等。这些不良现象一方面对社会基本秩序造成了一定的破坏，另一方面也阻碍着共享经济的发展与进步。

一、共享经济的内涵、特征与价值理念

（一）共享经济的内涵

1. 共享经济的概念

共享的概念和模式古而有之，早在原始社会便有了——人们通过共同合作完成相应的生产劳动和通过共同分享来维持生活。随着共享经济现象在全球的快速发展，"共享经济"一词也在动态扩展，不断地更新分享内容、范围以及方式。目前国内外理论界与产业界对共享经济的认识不统一，但一般认为，共享经济（sharing economy）来自"协同消费"，最早是由马

科斯·费尔逊（Marcus Felson）和琼·斯潘思（Joe L. Spaeth）提出来的。"协同消费"概念虽然提出很早，但并没有被人们马上重视和应用。直到1995年，世界上第一个分享物品的C2C网站eBay成立，2000年由共享经济"鼻祖"罗宾·蔡斯（Robin Chase）创建的全球第一家汽车分享网站Zipcar成立，共享经济正式启航，不同的企业和个人也陆续"试水"。2008年全球金融危机爆发后，共享经济一下子火了起来，迅速发展，共享逐渐突破偶然、无偿、私人之间的分享边界而转向一种以向陌生人暂时转移私人物品使用权，以获得一定报酬为目的、有偿、理性的全新商业模式，实现了从共享到共享经济的蜕变。[1]知识共享组织（Creative Commons）的创始人之一、美国哈佛大学法学院教授法学教授劳伦斯·莱西格（Lawrence Lessig）在《纽约时报》的一篇报道中最早提出"共享经济"（Sharing Economy）的表述，后来被媒体广泛使用。2008年，他进一步将共享经济定义为：那些以对他人所拥有的资源进行分享、交换和租赁为形式的协同消费。[2]雷切尔·博茨曼（R. Botsman）和路·罗杰斯（R. Rogers）将协同消费定义为组织分享、交换、借用、交易、租用、赠礼、互换的体系[3]。2011年，美国《时代》周刊把"协同消费"作为年度"十大改变世界创意"之一。同年，《共享型经济是一场静悄悄的革命》（The sharing economy is a quiet revolution）一文发表，有关共享经济的话题频频出现在西方媒体上。不同的学者使用的有关名称也不尽相同，例如"协同消费""分享经济""合作经济""协同经济""协作经济""零工经济""点对点经济""P2P经济""按需经济""轻资产经济"等。在这众多名称中，除去以上已对分享经济做出的例外说明外，本书将其他名称等同于共享经济。贝克尔（R. Belk）认为，众多研究对协同消费定义得过于宽泛，协同消费应该是人们为了货币或非货币报酬，协同获取和分配资源的过程。他将共享经济定义为：为了获取

---

[1] 赵晓等. 共享经济2.0：谁将引领明天[M]. 北京：经济日报出版社，2018：9.

[2] Lawrence Lessig L.Making Art and Commerce Thrive in the Hybrid Economy [M]. NewYork:Penguin Press,2008:117.

[3] Botsman R.,and Rogers R.What's Mine Is Yours:The Rise of Collaborative Consumption[M].New York:Harper Business,2010.

金钱或其他收益而协作进行的资源获取和分配。① 斯蒂芬妮（A. Stephany）指出，共享经济是一种充分利用资产的使用价值，以减少所有权需求的商业行为。② 沃斯科（D. Wosskow）基于平台的角度认为，共享经济是一种可以共享资产、技术以及时间等资源使用权的在线平台。③

在中国，姜奇平认为共享经济的商业模式是以租代买，理论基础就是商品所有权分离为支配权和使用权。④ 腾讯研究院将共享经济定义为人们将闲置资源通过平台与他人分享并获取盈利的经济现象。⑤ 董成惠认为，共享经济是社会发展到特定阶段的产物，是一种借助互联网平台并以共享使用权为目的的消费模式。⑥ 宋逸群和王玉海主张，共享经济就是基于人与人之间关系的跃升，并逐渐形成的新组织方式。⑦ 郑志来认为，共享经济借助网络，把闲置资源使用权暂时性转移给他人，从而提高存量资产的利用率。⑧ 郑联盛提出，共享经济是一种基于互联网平台而提高闲置资源再利用效率的新资源配置方式。⑨

总之，共享经济就是一个伞形概念，很多名称都可以包含在其中，至今也没有一个明确的定义，学者们研究的视角不同，对共享经济的界定也就有别。而且，随着环境的变化和涉及范围的扩张，共享经济本身也在调整中，这也给界定其内涵增加了难度。共享经济是对传统经济的破坏性革新，对社会生产、人们生活产生了巨大影响。

---

① Belk R.You Are What You Can Access:Sharing and Collaborative Consumption Online[J].Journal of Business Research,2014（08）:1595-1600.
② Stephany A.The business of sharing:making it in the new sharing economy[M].London:Palgrave Macmillan,2015.
③ Wosskow D.Unlocking the Sharing Economy:An Independent Review[EB/OL].Department for Business,Innovation & Skills,2014.
④ 姜奇平. 《共享经济》中的共享发展理念[J]. 互联网周刊，2016（06）：70-71.
⑤ 马化腾，等. 分享经济：供给侧改革的新经济方案[M]. 北京：中信出版社，2016：16.
⑥ 董成惠. 共享经济：理论与现实[J]. 广东财经大学学报，2016，31（05）：4-15.
⑦ 宋逸群、王玉海. 共享经济的缘起、界定与影响[J]. 教学与研究，2016（09）：29-36.
⑧ 郑志来. 共享经济的成因、内涵与商业模式研究[J]. 现代经济探讨，2016（03）：32-36.
⑨ 郑联盛. 共享经济：本质、机制、模式与风险[J]. 国际经济评论，2017（06）：45-69，5.

2.共享经济的构成要素

（1）提供者

提供者是共享经济的基石。共享平台本身没有供给，是拥有闲置资源所有权的人出于以下几种考虑自愿分享自己的所有物：一是获取额外利益的考虑，二是享受分享乐趣的想法，三是出于循环使用的绿色环保思想，四是广结好友、体验多样化生活的期望。

提供者的存在意味着共享经济活动中的供给。衣、食、住、行是人类生活的四大要素。从穿衣的角度来看，人们受"快时尚"消费的影响，产生了当即消费满足—囤积或丢弃—再次消费满足的恶性循环模式，衣物的更新换代十分频繁，服装行业的最大卖点和特征就是站在时尚前沿，抓住机会赶超同行推陈出新。而这种产品快速迭代的节奏带来消费市场的快速发展，但同时引发了私人所有物以及社会资源被闲置和浪费的弊端。为时尚所累的消费者开始反思：从冲动消费之后的"吃土"到下定决心再买就"剁手"再到实际上无法节制。资源的现实情况同样令人担忧，环境问题日益严峻，地球资源消耗浪费严重，节约资源、循环利用、可持续发展迫在眉睫。我们很多人的消费行为是不理智的，惯性思维下缺乏对其深刻的思考，对很多消费行为已经习以为常，做出行为之前不去思考会产生的影响。受产权思想的影响，在面对心仪产品时，我们的第一反应是得到它，当新鲜劲儿消失，丢弃或损失已拥有的东西时毫无失落感，消费者是无暇去思考这个时期的社会影响的。实则，社会上还是大量地存在着资源配置严重不平衡的现实，这时共享经济的出现成了一大福音。从共享经济的角度出发来划分闲置资源，可分为：闲置的资产，如车和房子等；空闲的时间，即非工作时间；闲置的技能和特长，即个人能够向最终用户直接提供的，并且打破依附其他中介桎梏的服务。提供者可以是政府、企业或者个人，无论是哪一方出于获取更多利益和环保的考虑都会将自己的闲置物品或服务分享出来，通过共享平台主动对自己拥有的各种资源进行配置，以获得其额外的经济红利。

提供者的角色也同时意味着成为共享经济活动中的一方参与人。交易是一种需要两方参与人才能进行的行为。在共享经济行为中，提供者属于其中一方参与人，需求者则是另一方参与人，两者构成了交易的三大主体之二，通过共享平台互相连接、共同作用，完整了整个共享过程。

（2）需求者

需求者是共享经济的另一方参与人，在共享经济交易行为中处于重要地位。即便提供者愿意分享所有物或服务，必须要有需求者去接受那种交易才能成立，否则就会出现提供者坐冷板凳无人问津、共享链断裂的尴尬场面。由于受生活水平、消费思想或资源限制等因素的影响，总有人的需求得不到满足。

① "没钱买"

受生活水平的影响，消费者无法承担过多的生活资料成本，因此，出于长久生活的现实性考虑，生活资料需要以除了购买之外的方式得到使用，如租赁、借用或交换，既以较低交易成本获得，缓解了生活压力，又满足了生活所需、提高了生活质量。

② "不想买"

受消费思想的影响，消费者出于实用和环保的目的，在想得到一个东西时不是花钱买到它的所有权，而是以租赁的方式换取一定时间的使用权。这种方式不但节约了生活成本和空间，而且得到了不同的产品体验。

③ "买不到"

众所周知，地球资源是有限且分布不均的。现状是如今资源消耗和浪费日益严重，有些稀有的资源或不可再生资源已经消失，有些传统手艺逐渐失传，即便是想买都无法购得。在这种情况下，市场上就出现了"想得不可得是最难割舍的"的现象，共享网站就是这样一个发挥着协调调配功能的中介枢纽，以较低的个体间交易成本帮助物主出租物品或服务，帮助租客得到其使用权。在提高资源的重复使用效率的同时降低了消耗，更有甚者在获得了别致体验的同时成为传统技艺的传播者和传承者。

（3）网络平台

网络平台是共享经济的桥梁。共享经济企业能否成功，搭建具备符合市场需求的网络平台起着至关重要的作用。市场即平台，平台即市场。"阿里巴巴"作为我国影响力最大、全亚洲市值最高的公司之一，依托其平台上的"天猫""淘宝""菜鸟"等数千万家网店，数次创造出难以超越的历史纪录，交易地区包括数百个国家和地区，"双十一"购物狂欢节的营销模式席卷全球，引发了全球"共振"。"阿里巴巴"正是适时利用了其平台优势，人为地创造出了这个购物节市场神话。从PC时代到移动互联网时代的网络平台已经实现了连接全世界范围内的网络用户共享信息与资源的设想，通过网络交流来获得各个感兴趣方面的知识、经验与信息。因而现今越来越多的人在获得资源和信息的同时也自愿花费更多的时间和精力去分享并享受分享的快乐。

网络平台是在经济活动过程中充当中介的角色，由第三方研发、建立、维护的一个信息技术平台，主要功能便是共享各类经济活动信息，消除了市场经济中信息不对称的弊端。共享经济网络平台的各个环节里交互流转的更多的是信息，可以说，共享经济在一定的程度上是数字信息的交互，而作为信息主要载体的信息化网络平台基础建设至关重要。根据维基百科关于共享经济的词条所述，共享经济形式是多种多样的，其中一种最主要的形式就是利用信息技术手段为个体、机构或政府提供所需信息，通过资源的重新配置、共同享用以及反复利用达到利用率最大化。可见，共享经济行为出现的一个最为普遍的前提是关于该物品或服务的信息能够得到共享，那么它的价值就有可能得到提升，最终共享行为才有可能实现，而共享的主要形式主要源于线上。网络平台让参与双方的利益最大化，具有正面外部性，也就是说一个普通的共享行为不仅能够使其他人获得金钱、声誉等其他收益，更能带来整个社会集体生态改善和风气良好等效益，最重要的是该行为下的受益对象无须为自己获得的收益付出金钱或其他代价。

3.共享经济兴起的原因

共享经济从最初的萌芽到后来的逐步推广再到如今的风靡世界，历经了复杂的过程，在多种因素的加持和推动下，已从一种简单的社区性互助活动转变成具有典型经济特征的普遍商业模式。综合来说，引起共享经济兴起的有技术、环境、经济和社会等四大方面的原因。

第一，技术的应用和升级迭代是共享经济的动力。共享、租赁和互易合同早已存在，而共享经济却是在互联网和通信技术形成较大规模应用之后才逐渐兴起的，也是在新的网络和移动通信技术的升级迭代中流行起来的，互联网技术为共享经济的发展带来了技术性的支持。例如移动互联网和智能终端设备实现了泛在互联,移动支付和基于位置的服务(LBS)实现了实时共享。大数据实现了供需的精准匹配,社交网络与信用评级建立了陌生人之间的信任,为共享经济供需双方提供了硬件基础。这类数据计算在极大程度上降低了共享经济发展的成本,提升了人们彼此联系和供需循环的速度,并能够随时随地进行数据分析与访问,从而为共享经济的长远发展奠定基础。

第二,环境关切的推动。人们的非理性亢奋,形成了不理智的消费习惯,过分追求数量,导致产品过剩和生态环境出现诸多问题,负外部性越发明显,发展不可持续。出于绿色环保理念,新的以节约资源为旨归的消费观和生活方式悄然兴起,这与"重使用不重所有"的共享经济不谋而合。随着理性消费习惯的养成,愿意与他人共享的人也越来越多,共享经济也获得了更多的支持者。

第三,经济上的产能过剩奠定了共享的物质基础。生产资料的私人占有和唯数量论的消费理念造成了产品的积压和商品的浪费,引发了全世界范围的产能过剩问题。[①]再加上市场交易中一直存在的信息偏在,使社会生产中不可避免地出现各种闲置资源得不到充分利用的情况。所有者通过分享将闲置资源二次利用,不仅提升了资源的利用率,而且还能赚取额外的费用。对使用者来说,也节省了消费开支,供需双方分享消费者剩余,实现了福利提升。2007年次贷危机引发的全球金融危机给全球经济带来了不小打击,也导致人们的消费意愿与购买力有所下降,进而又影响到消费者的消费决策,共享经济的出现就迎合了人们的需要。

第四,社交化是共享经济社会文化的动因。共享经济平台打造了一个分散的去中心化体系,建立起基于网络的透明化社群,促成了陌生人之间的相互信任。现代网络可以被视为古老社群概念的重新回归,在网络中,调控资源配置和引导消费的关键因素,不是价格信号和行政命令,而是社交因素。[②]

---

① 张玉明. 从私有到公用:分享经济的实质和绿色发展之路[M]. 北京:人民出版社,2017:31.
② 常庆欣,张旭,谢文心. 共享经济的实质——基于马克思主义政治经济学视角的分析[J]. 马克思主义研究,2018(12):53-64,161-162.

（二）共享经济的特征

1. 以互联网为技术特征

共享经济是在互联网平台主为的基础上建立起来的，互联网技术是共享经济得以出现的现实条件。互联网技术的勃兴和企业平台的出现，降低了信息获取成本，使资源得到有效配置。没有互联网，共享经济也就失去了技术上的支撑。

2. 主要以闲置资源为对象特征

共享经济从产生之初，就是以闲置资源为共享对象的，是对沉没成本的社会化利用，倡导"租"而不是"买"。尽管后来在实践当中，开发出了新的以增量资源为对象的共享单车、共享汽车、共享充电宝等，但共享经济仍然主要以闲置资源为对象。

3. 以"重使用而不重占有"为行为特征

许多学者在定义共享经济的这一特征时，多将共享经济的特征定为"重使用而非重所有"，但实际上，共享经济的特征应该是"重使用而非重占有"，而不是"重使用而非重所有"。现实生活中大量发生的租赁行为皆属于"使用而非所有"，但它显然因未能区分共享经济与传统租赁而并不确切。从法学视角分析，租赁虽是债权，但却以排他性的持续占有为旨归为权利行使的内容，以"重使用而非重所有"为典型特征。但由于传统租赁物的本身价值性以及使用上的不可同时分享性，租赁的交易边界成本很难降低，使得大量的使用需求无法通过租赁而得到满足，沉淀了占有物的使用潜力。共享经济可以充分释放物品的使用潜力，让占有人长期所有或租用的他人之物都可以暂时分享给别人使用，使用人也是仅"重使用而非重占有"，物之交易边际成本递减甚至趋于零，这就大大提高了资源的利用效率。如果说，由租赁引发的是占有权和所有权的第一次分离，那么由共享经济导致的则是使用权和占有权的第二次分离。

4. 以共享主义为文化特征

共享经济借助互联网技术和经营平台来提高资源的使用效率，进而给资源提供者和消费者增加经济利益，让供需双方共享消费者剩余，同时还有利于加强沟通，消除冷漠，从而满足了人性中固有的社会交往、共享和自我实现等不同层次的客观需求，也顺应了人类环保意识的觉醒。共享经济把人和地球都放在了经济体系的核心位置,价值创造、生产和分配与自然资源协同或和谐,而不是以牺牲地球为代价,促进人类生活在环境范围内的繁荣。[1]

(三)共享经济的价值理念

共享经济作为信息时代背景下产生并不断发展的新型经济模式,自然也有其道德基础和运行的基本价值理念。共享经济主要包括了共享、互利、平等、民主、信用、节约等基本价值理念。通过明确共享经济中蕴含的价值理念,这一经济运行模式就有了道德方面的规范、约束以及行为准则,从而保障共享经济模式的良性运行。

1. 共享

共享是共享经济中最为关键的内容,共享经济这一当前最为流行的经济发展模式就是以共享为基础而发展起来的。在中西方学者的著作中,都对共享进行了阐释。从人类历史发展进程来看,共享就体现在人的生存本能中。从原始社会开始,人类在生存方面受到大自然的限制,人们意识到单靠个人的力量并不是聪明的生存方式,所以人们选择群居。在族群中人们分工明确,每个人有不同的职责,族群中的食物、领地等都是共享的。农业文明时代人们还是靠天吃饭的,所以还是延续着合作共享的生存方式。到了工业文明时代,社会的经济发展水平、教育水平、医疗水平、基础设施等方面都有了很大的提升,人们的生活质量得到了保障,但依然存在着相近关系间的共享行为。随着计算机和互联网的出现,人们进入了信息文明时代,人们的社交关系从线下扩展到了线上,使人与人之间的距离又进一步缩小了。在这一情况下,人们的共享内容变得更加丰富,不仅仅限于实物,数据、信息、知识都可以不受时间、空间的限制通过互联网迅速共享。在人类文明的发展史中始终体现着共享理念,只是在不同的时代背景下,共享体现的形式和内容有所区别。

从共享经济的字面意思来看,共享也是最为明显的理念,同时这一理念也是其他各个理念存在的基础。在共享经济模式中,只有各个参与主体部分,尤其是资源的供给方愿意把自己私有的资源拿出来与别人分享,才

---

[1] 赵春林. 共享主义论[M]. 北京:中国商业出版社,2017:52-53.

能在这一领域实现互利、公平、民主、节约等。各个以共享经济模式运行的公司只有通过供给方提供的资源才能实现公司平台的建立和规模的不断扩大。不同于传统的经济模式，共享经济模式中的交易信息是可以通过第三方平台的信息共享来达到透明化的状态，迅速、高效地匹配买卖双方，从而可以提高市场中的交易效率。

传统经济模式和共享经济模式都是资源的有偿共享，但相较于传统经济模式中人们注重对资源所有权的消费，共享经济更强调的是对资源的使用权的消费。共享经济主要针对的是闲置资源的共享，所以对于物品的提供方来说，这件物品的使用权并不具有排他性，对于物品的需求方来说，其也不需要获得这件物品的所有权，只需要拥有物品的暂时使用权，在这种条件下的共享是更经济高效的。

2. 互利

伦理学上存在两种描述自我与他人关系的理论观点，第一种是利己主义学说，第二种则是利他主义学说。利己主义通常是在谋取利益时只注重为自己谋取利益，而不考虑其余人的利益。利己主义是个人将自身利益看得至高无上，把为个人利益服务看作高于一切的生活态度和行为准则。在参与经济活动的过程中，人又具备了经济人的特性，在对经济人进行定义时，假定其具有理性的目标和行为，经济人不会去谋取除了最大程度的物质性补偿之外的其他好处。从这样的角度说，在自我与他人的关系中，人总是以自我为中心的。利他主义则与其相反，其放在首位的是社会利益，并且在需要做出取舍时会放弃个人利益来成全社会利益，在这种理念下所产生的行为是对别人有好处，没有明显自私动机的、自觉自愿的行为。从这个角度去理解的个人又是具有了社会性的，把自己放在社会的整体利益上去考虑。事实上，人是复杂的存在，他不仅仅是单独的个体，还是与他人存在联系、处于复杂的社会关系中的个体，只看重自身利益，就会影响社会利益或者损害他人利益；只看重社会利益，就会损失个人利益，甚至影响个人正常生存。因此在实际条件下，不能把利己和利他完全拆分开去讨论人的特性。我们往往追求的最终结果是既让个人利益得到保护，又能给他人或者集体带来利益，这就是所说的互利主义。这是共享经济活动中具备创新的价值理念，它能最大程度地使参与经济活动的主体获得各自所需的利益。

从很多共享经济企业的创始故事来看，共享闲置资源的交易模式最初是源于人的自我需要的满足。比如服务行业的一家公司——Task Rabbit（"跑腿兔"），它是与"空中食宿"同时起家的。在其商业信息网站上描述了公司创始人是怎样获得灵感的：2008年2月的一个寒冷夜晚，波士顿的利娅·巴斯克（Leah Basque）突然意识到她家100磅重的黄色拉布拉多犬科比没有狗粮吃了。利娅心想："要是网上有个地方能让我和邻居联系上，也许有个邻居正好在商店里，可以帮我解决这个问题，那岂不是很好？"基于这段经历，用来联络邻居、解决难题的网上和手机端市场——Task Rabbit就应运而生了。Task Rabbit是想做"跑腿办事的eBay网站"，为需要的人们提供一系列的服务。有需求的一方可以通过网站去寻找能够满足自己需求的供给方，而服务提供的那一方也是通过合理的报酬、空余的时间来自愿提供服务的。也就是说，通过共享经济模式，需求方可以以较小的代价获得所需商品，这样就可以获得较传统经济更高的性价比。除此之外，交易的供求方提供的闲置资源也为自己带来了可以接受的报酬，这比把不常使用的资源闲置要经济得多，极大地提高了闲置资源的利用率。在交易过程中，交易双方或多或少都能通过这样一个过程收获朋友和获得参与社会活动等社交方面的满足。对于提供交易双方联系渠道的第三方平台也可以在这一过程中获得一定比例的经济利益，所以在共享经济中，无论是需求方、供给方还是起中介作用的第三方平台都能从交易中获得满足自己需要的利益。他们在为自己创造利益的同时，也满足了他人利益的需求，对社会的经济发展、资源利用率的提高、人际关系的促进也起到了积极的作用。

3. 平等

在市场经济下，每个人对资源的占有率是不同的，甚至是不平等的，由此产生了社会群体间的区分，这种区分体现在了消费领域，每个人占有特定的消费物。在这种消费理念的驱使下导致了消费的不平等，不平等体现在两个方面：一是代内消费不平等，二是代际消费不平等。代内消费不平等主要体现在一部分人对某种资源的过度消费、炫耀性的消费导致另一部分人消费物品和基本生活资料的匮乏。代际消费不平等主要指的是在消费主义的驱使下，当代人过度的、不加节制的消费方式导致生态资源的浪费和生态环境的恶化，那么下一代就会遭遇资源使用上的拮据。所以解决这两种不平等问题的基本诉求就是要节约资源。

共享经济模式的初衷就是通过信息网络技术把一个人占有某种资源却不经常使用的闲置资源整合起来，从而让不占有而又短暂需要使用这种资源的人可以有渠道、有平台去拥有使用的机会。这种使用机会只要通过网络平台就可以获取，显然，在信息技术飞速发展的时代，每个人都是能获取的，所以物品或服务使用权是人人平等享有的。另外，由于这一代人充分利用了闲置资源，减少了更多资源的浪费，为下一代对资源的可持续使用提供了有利条件。

4. 民主共享经济中的民主理念

一是交易双方关于交易物品或服务的定价机制相对民主，二是实行了基于交易双方的满意度调查的评价机制。

在传统经济模式中，市场中商品的价值都是统一的，定价在商品进入市场的时候就被固定了，因此传统商业模式是以卖方为主导，买方处于弱势和被动的地位，从而使得商品的交易定价是武断的、片面的、有失公允的。而共享经济模式采取的是动态定价模式，可以在不同的交易时段，由买卖双方在交易时确定价格，当然这个价格也不是随心情而定，是由物品或服务的价值来决定的，同时也受到不同时间段供需关系的影响。以滴滴出行为例，平台上的司机和乘客同时报价，双向选择，当双方达成交易时就代表对交易双方提出的价格是可以接受的。早晚高峰时期乘客对于出租车的需求量增加，司机可以根据路况进行动态加价，而如果乘客由于某些情况需要缩短叫车的时间，他也可以通过平台主动加价，以吸引更多的司机接自己的单。由于平台提供了庞大的资源库以及平台连接起来的众多的供需双方，共享经济才可以实现这样一个相对民主的动态定价模式。

在传统的商业模式中买卖双方的交易一旦完成，卖方往往不注重售后服务、交易满意度等，容易出现欺骗消费者的情况，而买方出于对时间、空间的考虑以及维权平台的缺乏等原因，往往不追究交易中的侵权问题，这就使得买方再一次在交易中处于弱势地位。而共享经济是基于网络平台进行交易的，所以买卖双方的交易信息甚至是交易过程在一定程度上都是公开、透明的。对于需求方来说，当交易完成后，如果有对交易环节或者是交易物品不满意的地方，他可以通过中介平台进行反馈和评价，对卖方形成有效的约束。对物品的供给方来说，因为共享经济采取的大多是以租代买、以租代售的形式，只出售了物品的使用权而不是所有权，所以物品的供给方有权利要求需求方维护物品原状、爱惜物品，如果有受损的情况，供给方也可以通过中介平台来反映，从而维护自己的权益。

5. 信用

所谓信用，是指在各种生产关系和社会关系的形成和发展过程中，衍生出的人与人之间、单位之间和商品交易之间的一种相互信任感。只有当信誉存在的时候，人之间、单位之间、交易双方才会完成交易并期待下一次交易，甚至为了延续交易，消费者愿意付出更大的代价。从伦理角度理解"信用"，它实际上是指信守承诺的一种道德品质。它是做人的最基本的原则，它不仅是个人所要具备的一种伦理道德品质，也是一个国家或社会所应具备、提倡的伦理道德准则和要求。自古以来的经济活动中都强调童叟无欺，参与经济活动的主体都应当诚实、守信用，这样才能保证市场的有序运转。只要有人在经济活动过程中不讲信用，就会对经济主体利益带来影响，并且也不利于市场正常运转。

相较于传统经济的面对面的交易方式，共享经济是在陌生人之间发生的一种网络交易，这种交易情况中的双方对彼此的诚信背景并不完全了解，对交易产品也存在着未知情况，所以它更需要通过某些方式来保证交易过程的可信度。共享经济的持续发展需要人们彼此间的信任和积极正面的互动，需要以守信用作为一种价值追求，并且在经济交往活动中，不管是个人还是企业，都需要讲究信用。共享经济是以守信用为核心行为准则，如果没有信用，共享经济就失去了发展的空间。共享经济想要得到进一步的发展必须对信用给予高度重视。因为共享经济是借助第三方平台实现的，第三方平台的建立是基于虚拟网络技术，共享平台整合了线下的闲置资源和个人服务，把整个社会的供求集中、联系起来。交易双方通过这样一个共享平台实现了点对点的陌生人之间的交易。在这种陌生人之间进行交易的情况下，只有交易双方对彼此产生信任，交易才有可能发生并实现以后的持续发生。这种信任主要包括以下几个方面：首先是对交易对象具有守信用的人格品质的信任，也就是说交易对象在主观意志上能够积极履行彼此间的交易约定。其次是对交易对象具有履行契约的能力的信任，即在客观上交易对象是有能力促成交易的实现的。最后是对共享平台所提供的交易对象信息、交易产品信息的信任。以"滴滴出行"为例，在交易过程中包括了出行服务的需求者、出行服务的提供者以及打车平台。作为出行服务的需求者，其要相信"滴滴"司机在接单以后在主观上履行承诺的意愿，准时到目的地提供服务，另外"滴滴"司机客观上也是要有能力来提供令需求方满意的服务过程，比如驾驶技术良好、路线规划清晰等。"滴滴"司机为需求方提供出行服务，客观上讲，其也需要对平台提供的需求方信息给予高度信任，并且要相信在其完成服务后，能够获得相应的酬劳，并且相信顾客做出的评价也是真实客观的。作为联系买卖双方的"滴滴打车"平台，要保证的是交易双方提供的信息是真实可靠的，保证支付系统是公开透明的，保证评价系统是有效可信的。除此之外，经济基础一方面对上层建筑存在决定作用，另一方面也会受上层建筑的较大影响。信用伦理作为上层建筑的范畴影响着共享经济的发展，同时，共享经济模式的迅速发展和范围的不断扩大，对社会信用伦理的发展也起着推动作用。首先，第三方平台提供的公开透明的信息让人们不得不在意自己的交易行为，注重自己的信用记录，每个参与经济活动的主体越来越懂得建立、完善个人的信用体系。其次，共享经济的出现实现了人们交易的方便、快捷，满足了人们的个性化需求，并且缩小了人与人之间的距离，提高了双方的社会联系，不仅仅是一次性的交易。在这种情况下，经济活动的参与者就会更加注重诚信交易以实现多次的交易活动，由此推动整个社会信用伦理的发展。

可见，共享经济的发展需要实现陌生交易双方的信任提升，除此之外也应该建立信用体系来保证共享经济平台的正常运转。信用是维系共享经济模式持续运行的必要条件，共享经济也推动着社会信用体系的规范化和制度化。

6. 节约

共享经济共享的是社会闲置资源、闲置时间和闲置产能，而这些闲置

第一章 共享经济及道德问题概述

物品对于拥有者而言是一种沉没成本[①]，如果不被充分利用的话，结果肯定是被浪费，是不经济的。所以共享经济提供了一种途径来使得物品所有者和服务提供者获得一定的盈利从而降低沉没成本的损耗。共享经济既是人们创造财富的基本诉求，又满足社会可持续发展的要求，是一种更经济、更节约的消费和生活方式。

一方面，共享经济可以最大程度地降低交易成本。比如出行方面，在传统的经济模式下，如果人们搭乘或者租赁车辆的成本过高的话，从长远角度考虑，人们就会选择购买一辆车，所以就会产生一笔相对不小的初始固定成本，而后有可能因为部分时间的闲置造成资源的浪费。在共享经济模式下，第三方平台通过提供了一个平台连接了买卖双方，借助于网络技术实现交易双方信息的透明化、公开化，从而使得交易双方准确、有效地找到彼此匹配的对象。供给方提供自己闲置的资源或服务，既得到报酬又避免了资源的浪费，需求方准确地找到自己暂时所需的物品或服务，而不需要花费更大的成本去拥有其使用权。对于经营共享平台的企业来说更是节约了很大部分成本，它只需要网络平台提供相关资讯的交易信息，而本身不需要拥有任何一台实体车辆，并且它从中也获取了自己需要的那部分经济利益。

另一方面，共享经济节约了时间成本。在生活节奏越来越快的当今社会，时间对每个人来说都是宝贵的。马克思认为，经济社会中存在的一切节约，最终极的实现途径都是节约劳动时间。共享经济是根据时代发展特点出现的一种更方便人们生活，并且可以节约人们的时间成本的新兴经济模式。共享平台借助互联网技术可以提高匹配供需双方信息的精准度。例如滴滴打车利用定位技术来寻找距离最短的交易双方，节约了等车的时间，大大提高了出行效率。在传统的经济模式中，经济活动的实现受到众多因

[①] 沉没成本（Sunk Cost）是指由于过去的决策已经发生了的、不能由现在或将来的任何决策改变的成本。人们在决定是否去做一件事情的时候，不仅要看这件事对自己有没有好处，而且也要看过去是不是已经在这件事情上有过投入。这些已经发生且不可收回的支出包括时间、金钱、精力等。对企业来说，沉没成本是企业在以前经营活动中已经支付现金，而经营期间摊入成本费用的支出，因而固定资产、无形资产、递延资产等均属于企业的沉淀成本。对于个人投资和生活而言，房地产、车辆等各种生活消费品，因购买支付也形成沉没成本。

素的影响，尤其是时间因素和空间因素，交易双方想要实现交易过程需要花费的时间比较多，并且最后的交易对象也不一定是完全匹配自己需要的。共享经济提供的平台就打破了时间、空间等方面的限制，使交易活动更具灵活性，提高了交易活动的效率。如共享单车的出现并迅速火爆的一个宣传口号就是"解决最后一公里的难题"，让人们在节约交易成本的同时节约了时间成本。

二、共享经济中的道德问题及成因

（一）共享经济中的道德问题

共享经济是在互联网技术的发展和普遍运用下产生的新型的经济发展模式，是一种区别于传统经济发展模式的新事物。共享经济的出现使得出行、住宿、医疗、教育等多个领域的经济活动更为方便，不仅实现了资源的合理高效的利用，而且也极大地方便了人们的生活，节约了人们经济活动中的交易成本和时间成本。然而新事物的发展过程不会总是一帆风顺的，共享经济的发展过程也不例外，在其发展的过程中慢慢出现了一些问题，对共享经济的发展带来了一定的挑战。在面临的挑战中，有些问题产生的原因是技术的不成熟，但这不是最主要的，因为随着信息技术的发展和进步，技术中的问题和困难终将会慢慢被解决。共享经济所依赖的由第三方提供的共享平台是通过网络把交易双方联系起来的，网络社会的虚拟性、无地域性、开放性，再加上相关技术和法律制度不健全，使许多买方卖方以及共享平台的提供方在从事网络交易活动时为了自己的利益出现了各种各样的伦理道德问题，这些问题在某种程度上严重阻碍了共享经济的健康和谐的发展。现实社会中阻碍共享经济持续发展的道德缺失现象层出不穷，主要包括以下几个方面。

1. 共享私有

共享经济最基本的经济发展模式就是共享，对闲置资源和服务的共享，所以进行交易的产品或服务是不具有绝对的排他性的，这种非排他性仅限于对物品的使用权而不包括所有权。因此，在共享经济模式下的交易活动，需求者只是购买了物品或服务的暂时使用权，而没有购买其所有权，使其完全成为需求者的个人私物,这是共享经济活动参与者需要明确的规则和契约。但是在共享经济的某些领域,出现了经济活动的参与者企图把共享物品通过不正当手段使其成为私人完全拥有的这样一种不符合道德规范的行为。

以出行领域的共享单车为例。共享单车的出现是为了解决大家的短距离出行困扰的问题,其通过共享平台让需求者以暂时租赁的方式达到使用共享单车的目的。虽然每个人都希望共享单车能够一直为自己所用,但是按照共享经济的运行规则,除了共享单车资源的所有者,其他人是不应该强行拥有其所有权的,个人不能为了一己私利而破坏潜在的规则,这是不符合伦理道德的。在现实中,共享单车私占的情况屡见不鲜,某些人为了方便自己使用,以上锁、藏匿等方式将单车据为己有。这些将共享物品据为己有的现象不仅反映了人们在伦理道德方面的缺失,也对共享经济的发展产生了不良影响。

2.无序竞争

(1)与传统行业的竞争

共享经济作为一种新兴的经济发展模式,它具有低成本、高灵活性、方便快捷等优势,为社会经济的发展和社会生活水平的提高注入了富有生命力的新鲜血液。许多企业看到了共享经济的发展优势,于是出现了一大批迎合市场需求的共享经济企业,其中有新建立的企业,也有一些经过改革后出现的共享经济企业。总之,共享经济迅速在市场中夺得一席之地,并且蔓延的速度和广度也逐步提升,这一情况无疑对传统行业的发展和现有市场秩序造成了一定的冲击。

从目前的情况来看,在传统行业中受共享经济这一新兴经济发展模式影响最大的莫过于出租车行业。"滴滴打车""优步"的出现以其快速、方便等优点在短时间内赢得了大量乘客的青睐,从而造成了传统出租车载客率的大幅度下降,出租车行业以及出租车司机的利益受到了严重影响,因此新兴的共享经济企业遭到了传统企业的前所未有的抵制。除出租车行业以外,在酒店行业中也发生了Airbnb("爱彼迎")遭到传统酒店打压的事件,很多传统酒店都开始对Airbnb运行的相关程序的合法性提出质疑。这些传统行业中的某些企业由于在市场竞争中遭到了权益上的侵犯,为了保全自身利益，有时候会通过某些不符合道德的手段来千方百计地阻挠共享经济企业进入现有的市场。这些恶意破坏或阻挠的方式是不符合社会道德准则的，也是违背市场经济有序竞争的原则的。

（2）与同类型企业的竞争

市场经济中任何经济行为都一定是为了获得经济利益，共享经济的经济活动也不例外。当共享经济呈现出一种欣欣向荣的发展趋势时，不少企业都想从共享经济这块大蛋糕上分得一部分，所以各种各样的共享经济企业就不断涌入了市场。这些企业的性质和服务模式都大同小异，所得利益多少的区别在于哪种产品或服务能吸引更多的市场受众群。在这些形形色色的共享经济企业中，有些企业完全属于同类产品的竞争者，所以为了吸引用户也是各自采取了各种竞争方式，其中不乏不正当的竞争手段。如在网约车行业，各类网约车软件为了实现自身的盈利模式和获得盈利空间，疯狂争夺市场，出现了网约车软件补贴战。另外在共享单车行业也是存在着各种恶意竞争，市场上的共享单车不同程度地出现了被模仿、倒卖、毁坏等现象。在这类同质化的共享经济竞争中，某些企业为了占有更多的市场份额，提高竞争优势，无视了经济行为在伦理道德方面的诉求，破坏了市场规则。

3.信用缺失

共享经济是一种陌生人之间产生联系的交易行为，这种交易能够发生并且持续进行的前提就是对经济活动各个主体的信任。共享经济的伦理核心就是信用，因此共享经济发展中出现的信用缺失的各种现象是不符合信用伦理的要求的，同时也阻碍着共享经济的健康发展。关于信用缺失的不良现象，主要从以下几个参与经济活动的主体进行分析。

（1）资源或服务使用者的失信行为

共享经济共享的是物品的使用权，所以某种资源或服务的使用者并不具有随意处置物品的权利，这是使用者应该诚信遵守的规则，但是由于缺乏有效系统的用户约束机制，在共享资源时，人们难以通过个人的自觉来诚实遵守规则，所以在共享经济的几个主导领域逐渐出现了资源使用者的失信现象。

首先，是网约车领域的失信问题。网约车作为一种新兴的出行方式，极大地方便了人们的生活，解决了某些时候打车困难、等车时间长等问题，然而一些乘客却企图通过某种不正当的方式逃单，钻网络的空子，更有甚者直接拒付车费。其次，共享单车领域同样也出现了许多使用者的失信行为。共享单车的二维码被恶意破坏、密码锁被更改等现象不断出现，后来在可见的共享单车中能够正常使用的都是少数，大部分共享单车存在着座椅被拆除、轮胎被拆卸、脚踏被损坏等问题。由于网络的流动性强，单车使用的实名制也尚未广泛推行，共享单车的相关平台没有办法准确找到破坏者，也就没有办法实施进一步的惩戒，只能不了了之，从而无法制止类似破坏行为的再次发生。

（2）资源或服务提供者的失信行为

同样也是在网约车领域，网约车司机也会做出一些失信行为。这些失信行为也对共享经济造成了极大破坏。一些司机在接到乘客的订单以后，并不会按照约定到指定地点去接乘客，司机会通过某些方法抓住网络漏洞去操作成交易成功。在这种情况下，乘客的用车费被扣除了，即系统默认此次交易是成功，而事实上乘客并没有得到应有的服务。还有一些资源或服务的提供者在共享平台提供的物品的相关信息与事实并不相符，存在着故意隐瞒的情况。

（3）共享平台提供者的失信行为

共享经济中，进行交易活动的双方是以第三方提供的共享经济平台为纽带而联系起来的。交易能够进行也是基于供给双方对共享平台的信任。共享平台所拥有的资源是整合了供给方的闲置资源，所以共享平台有义务、有必要对整合的资源设置一定的准入门槛，并且要从保证大众利益出发对资源进行有效审核。

4. 环境破坏

共享单车的特点之一是使用者不需要到特定的地点才能使用它，基于此共享单车极大地方便了人们的生活。但也是因为这一特点，加上人们的公共规范意识薄弱，在共享单车领域出现了乱停乱放的不文明现象。这些乱象不仅对城市的整体环境造成了破坏，也给城市的交通安全带来了一定的隐患。

共享单车领域出现的对环境造成破坏的另一种不文明现象是大量共享

单车堆成的"坟场"。共享经济发展热潮出现后,共享单车领域呈现出井喷趋势,最后市场达到了饱和状态。随着市场迅速萎缩,与共享单车相关的厂商和公司产能过剩现象迅速凸显。我国究竟创立过多少家共享单车企业?没有人能给出准确数据。但你几乎可以在任何想象不到的地方发现被遗弃的共享单车的痕迹。堆积成山的废弃的共享单车给社会环境造成了沉重负担。出现这一现象的原因是企业为了追求利益,盲目跟风进入以为有利可图的市场,忽视了市场和社会环境的承担能力。

5. 资源闲置

共享经济的一个特点就是轻资产,即以共享经济模式运行的企业本身不生产、不拥有任何实质资源,其所用来交易的资源都是通过共享平台对资源提供者的闲置资源的整合。所以以这种模式运行的企业应该是没有资产负担的,相对传统企业来说是可以节约成本的。但是随着共享经济发展规模的扩大和企业类型的日益多样化,有些企业为了创造更多的利益,其运行模式的实质有些偏离共享经济。最具代表性的是共享单车,部分企业既提供共享单车所需要的第三方平台,又直接提供共享单车。也就是说,在这一经济活动中,共享单车公司所拥有的共享单车并不是对人们闲置单车的收集和整合,而是自己寻找厂家生产新的单车。

另外,除了共享单车领域,很多创业者、投资者也看到了并且急迫地抓住共享经济的发展机会,于是就有各种各样的共享产品和服务走进了人们的生活,包括共享洗衣机、共享篮球、共享马扎,等等。和某些类型的共享单车一样,其实市场上的很多所谓的共享经济并不能完全归属于共享经济的范畴。这些交易活动中的共享产品是单纯为了获得经济效益而生产出来的,并不是对闲置资源的再次利用。由此可见,并不是任何产品或服务都能以共享经济模式来实现交易。共享经济应该是利用真正闲置的资源,并且要切实贴合大部分消费群体的需求,而不应该人为地生产新的资源,这样反而会产生更多的剩余资源,对环境造成压力。

(二)共享经济中道德问题的成因

伴随着共享经济的发展,产生了以上诸多公共道德问题,原因不能一概而论,而是多方面综合的结果,例如共享经济本身存在一定的缺陷,相关制度规范的缺失，社会缺乏公共道德的规范体系与相关传统，舆论的不正确引导，公民自身的素质问题等。本书试着从伦理学角度从市场竞争伦理道德、信用伦理道德和互利伦理道德三方面进行分析，希望能探究其产生的伦理学根源。

1. "道德人"与"经济人"悖论

（1）"道德人"与"经济人"的悖论

市场竞争必然存在利益追求，亚当·斯密（Adma Smith）认为只受经济理性驱使的"经济人"与即使在追求个人利益时也优先考虑社会效益的"道德人"之间存在天然的矛盾。经济利益关系中的"经济人"以追求个人利益为目标，希望达到经济利益最大化。[1]并且，其具有自利的本性，判断如何使经济利益最大化的理性行为以及在市场的指引下，其在个人追求私利的同时会间接地促进社会公共利益。而处于社会生活中的"道德人"会从本性出发理解、关心、同情他人，存在主观利他主义倾向，希望自身行为可以调和自己同他人及社会的关系；[2]对"道德人"而言，其具有明显的主观利他主义倾向，有考虑行为是否符合集体的利益的理智以及强调追求社会效益最大化，以真正合乎理性的伦理精神来作为促进社会经济发展的动力，而非单纯地追求经济利益。

"道德人"与"经济人"的存在客观地反映了市场经济中人的二重性，具有普遍性。共享经济处于中国特色社会主义市场经济中，也同样面临二者的关系问题，但在共享经济快速发展的当下，我们也正是处于经济社会大发展大变革的时期，在经济的快速发展中，良好的社会公共道德体系还未完全形成，"经济人"与"道德人"之间的矛盾与冲突不可避免。如何缓和二者的冲突矛盾，达到私利与公利的统一是未来我们急需解决的问题。故而，社会共同成员在进行公共参与的过程中，为了能够使社会达到最终的共享，通过制度和相关的法律对集体行为进行约束，对团体的强调，此时也意味着个体需要放弃乃至牺牲自己的一部分权利。"经济人"追求个人利益是有权限的，不能超出社会合理的公共结构，不能违背社会的文化

---

[1] [英]亚当·斯密. 道德情操论[M]. 谢宗林, 译. 北京：中央编译出版社, 2008: 15.
[2] [英]亚当·斯密. 国富论（Ⅰ-Ⅲ卷）[M]. 谢宗林, 李华夏, 译. 北京：中央编译出版社, 2016: 13.

发展精神。如果自身需求不断膨胀，如果人人不去考虑社会公共空间领域下的公共利益，形成极致利己主义，必然会导致社会公共秩序的失衡，局面将一发不可收拾。

（2）极致利己主义超出公共道德底线

利己主义，一般来讲，是将个人利益的追求看作人的天性，并将个人利益作为高于一切的行为准则和生活态度，当此种状态下的利己主义达到最顶端时，即成为极致利己主义。共享经济中并不排除对个人利益的追求，但是不合理、不道德、损害他人利益甚至越过公共利益界限的极致利己主义必然会造成公共道德问题。极致利己主义在共享经济中的危害突出，尤其是在共享单车领域显现无遗。

一方面，共享单车制造者和运营方过度追求市场效益，罔顾公共市场客观实际情况，忽视公众需求数量，盲目地大批量投放共享单车。另一方面，自由使用的前提是不得妨碍他人使用，使用共享产品的极致利己主义者为了一己之便而造成他人不便，肆意破坏公共产品、浪费公共资源，只享受权利，丝毫不提义务和责任，没有任何公共道德底线，例如在使用共享单车时对其进行随意的损坏，任意拆卸，加装个人私锁等单纯利己行为。公共道德对极致利己主义者来说完全是透明的虚设，这就能解释为何共享产品在使用中公共道德的缺失与公共使用的无序。

2. 信用伦理：诚信的丧失

（1）信用伦理的重要性

信用伦理是人们在社会交往中由于一定契约、承诺等关系所形成的伦理关系。其具有责任性、意志性、自律性和广泛性等特性。[1] 信用伦理不仅仅可以维护具有法律效力的约定，也可以对社会中人与人之间日常的一般性约定进行维护，前者，即我们民事法律中的诚信原则，后者则是我们一般所讲的诚信要求。学者万俊人指出："契约信用的价值基础在于对于对象无条件的一种社会伦理公正，而这种社会公平公正，正是目前社会交易中不可或缺的一种社会伦理条件。"[2] 信用伦理之下的社会中，人与人之间的诚信观念，是支撑共享经济发展以及社会良好发展的重要因素。信用伦

---

[1] 王淑芹. 信用伦理研究[M]. 北京：中央编译出版社，2005：5.
[2] 万俊人. 道德之维：现代经济伦理导论[M]. 广州：广东人民出版社，2000：200.

理的建设不仅仅是共享经济发展的要素更是和谐社会建设的要求。市场经济从一定程度上讲，就是信用经济，共享经济作为经济的新形态更重视信用伦理的建设。随着社会的发展，信用伦理发展完善，诚信越来越成为衡量市场经济发达程度的一个重要标志。

人而无信，不知其可也。(《论语·为政》)诚信作为信用最为普遍的描述，在人们的生产生活中，有着不可替代的作用。诚信是立人之本，古往今来，"诚信"一直为儒家所重视。时至今日，诚信的重要性依然没有减退，反而更加重要。在民事法律领域，诚信原则被视为"帝王条款"，是民事法律行为中的最高准则。此原则要求人们在行使自身民事权利和履行相关义务时，必须严格遵守承诺，讲究信用，在不损害他人利益的前提下才能追求自身的合法利益。共享经济中的不道德现象，最深层次的原因之一就是诚信的缺失。诚信是立人之本，人若无信，就无法立足于社会。"诚信"二字的意义，无论对自己还是对他人，在私还是在公，都具有极大的影响。

（2）诚信缺失的危害

共享经济具有开放性的特质，是一个需要协作的经济行为，也就必然要求企业、使用者们作为一个有德性的主体，应该具有诚信执业的态度和良好的诚信消费观念。

市场的逐利本性，往往驱动市场主体试图实现其处于信息优势地位条件下的不等价交换，在市场运行过程中各种不诚信的现象屡屡出现，如共享产品的使用需要获取使用者个人信息，一些别有用心者盗取信息资源，随意买卖用户信息资源，正因为一切信息资源取得的毫不费力，造成个人隐私信息泄露等比比皆是；共享产品的经销商在技术方面没有给使用者的个人信息提供高度的安全保障，使大量客户的个人信息流失，造成信息泄露，带来安全隐患；此外，企业员工没有基本的道德操守，没有诚信品质，过度传播信息资源，随意泄露用户的个人信息，潜在性地诱发了犯罪。

3. 互利伦理：互利意识的淡薄

（1）互利意识淡薄

互利原则属于经济伦理学术语，在经济市场中，行为主体应当把个人利益与对方利益相统一，不应仅仅关注自身得失。而互利性是催生共享经济的重要因素，互利性提高了社会资源的使用效率的同时，降低了个人成本，有利于节约资源和提高使用效率，推动共享经济的发展。互利伦理之下人们的互利意识和相互之间的友善观念，是共享经济良性发展的支撑之一，故而互利伦理在共享经济的道德问题中有重要影响，互利伦理的缺失，更是会使共享经济损失其原有的精神内涵，阻碍其健康发展。

亚当·斯密在《道德情操论》中指出："由于人性具有原始的自私追求，对于关乎自身的一个极其微小的利益得失，其重要性会明显超过某个与我们没有特殊关系的他人至感关切的利益，故而其在我们身上引起强烈的喜悦或悲伤，以及更为热烈的渴望或憎恶远比后者所引起得更为剧烈。"[1] 互利意识指人们在交往中要做到互相有利、彼此受益，是公共道德的重要构成部分，因此互利意识对处于公共空间的陌生人是非常重要的。共享经济模式客观地暴露出了人们互利意识的匮乏，有些人具有狭隘、封闭的私利思想，在这种错误思想的指引下，人们毫不在意对于共享经济中公共利益的维护，往往会为了个人利益牺牲集体利益，在共享经济之中缺少互利意识，合作精神，罔顾他人的利益。例如在使用共享单车时对其进行损坏，随意拆卸，加装个人私锁，随意进行停放，对公共充电电源进行破坏，在共享房间堆放生活垃圾。

因为缺失这种互利意识，大家的合作意识会愈发淡薄。如今对基本的生活物质资料的需求没有占据人们生活的核心，反而对其他方面的生活需求的范围有所扩大。然而其他方面的生活资料不再是仅靠自然耕作就能获得，需要人人付出自己的力量，与社会群体共同合作，获得社会肯定的价值才能获取其他的生活资料。漠视群体之间的彼此合作，便会阻碍彼此间的利益，诚如亚当·斯密认为的，当个人站在自私自利的角度衡量他人利益的情况下，个人利益与他人利益即不可能达到平衡状态，互利的情况也不会发生，因为此时个人利益才是其各种行为的出发点与落脚点。[2]

（2）"善"品质的缺失

在另一层面而言，互利伦理道德中互利意识的淡薄，其实也是因为社会人性之中"善"的缺失。善的基本含义是指好的、美好，故而引出友善、友爱，凸显其在人际交往与公共生活中的美好和谐含义。友善没有像友爱

---

[1] [英]亚当·斯密. 道德情操论[M]. 谢宗林，译. 北京：中央编译出版社，2008：162.
[2] [英]亚当·斯密. 道德情操论[M]. 谢宗林，译. 北京：中央编译出版社，2008：162.

那样感情强烈，友爱比友善的感情要深厚，是出现在朋友之间、熟人之间的感情。基本的友善不会让我们对陌生人付出太多的情感，也避免了对陌生人那种不适宜的情感，只需要基本的尊重，基本的友善。善的品质是道德品质的重要方面，良好的社会道德必然存在良善的品质。如果一个人用良好的、友善的态度去对待陌生人，那他的道德品质是值得被称赞的，在公共领域中与陌生人发生的矛盾也会用文明的方式去理性妥善地解决。现在的社会因信息技术、网络技术的不断强大，使陌生人之间的交流没有像以前熟人社会之间那么传统化，没有过多地想要进一步交往交流，对待陌生人的热情程度也有所下降，人际关系也慢慢疏离。大家在自己的区域里各自安好，互不打扰就好。尤其在公共场合中，如有陌生人上前来和你交谈，大多数人都会有一定的不舒适感且内心会有一定的戒备性，不愿去深度交流。

共享经济的交易形态，使接触的陌生人范围更广更多更频繁，如无法妥善协调陌生人之间的交往界限，没有树立正确的友善观念，会使社会公共领域的陌生人日渐趋于冷漠的状态。除此之外，因利益发生的矛盾，陌生人之间对待此倾向于情绪化、易激动、易暴怒。陌生人处理利益矛盾的非理性状态使社会充满了负面的气氛，如此，社会的共享空间秩序也很难得到良好的维持。

4. 服务伦理：监管的缺席

共享经济的概念早在1978年被提出，只是彼时的共享尚要受到空间的限制。"互联网+"时代的到来为共享经济的发展提供了更广阔的平台。共享经济指的是民众公平、有偿的共享社会资源，彼此以不同的方式付出和受益，共同享受经济红利。随着互联网尤其是移动互联网的发展，加上近年来"互联网+"计划以及"大众创业、万众创新"的推进，共享模式成为众多创业者的选择。"互联网+"背景下的共享经济是依赖互联网对信息搜集的快速与高效的优势而产生的一种全新的经济模式。在这种经济模式下，不同于传统的、固定的交易当事人，涉及主体可以灵活交换地位。这意味着消费者也可以成为经营者，利用自己闲置的资源，与有需求的人群达成有偿的共享协议。

共享经济的实质在于产品或服务使用权与支配权的相互分离，产品和服务的消费共享模式，使产品或服务在使用消费过程中不再仅由单一的个体享有，而是同时可以被他人直接或者间接地享有所有权或使用权。[①] 比如当下风头正劲的共享单车、顺风车、共享充电宝等多种模式。不可否认的是，共享经济对社会资源的利用、产业结构升级等诸多方面起到了良好的推动作用。但与此同时，事物两面性的另一面也正逐渐凸显出来。诸如用户信息的泄露、隐私权保障的困境、安全事故责任主体的确定以及其自身合法性问题等，被一一展示在了大众面前。但对其进行管制也存在以下困境：其一，共享经济自身的开放性、多变性等特征明显区别于传统经济发展，这使得传统的规制理念并不能与共享经济完美契合；其二，传统事前规制手段不符合共享经济的本质；其三，传统的单一监管机构无法适应对共享经济的监管需求。

在共享经济模式下，消费者有更大的主动权和透明度，商家产生共鸣的消费更具有吸引力，消费者和供应者都在消费过程中更加受益。但与此同时，因为公共道德问题而给共享经济带来的负面影响也并不能够被忽略。就共享经济服务伦理带来的负面影响而言，包括以下几个方面。

其一，对劳动者的"隐蔽剥削"。借助于互联网技术兴起的共享经济，其仍逃脱不了盈利性驱使的本质，利润是其追求的最大目标。加之其作为新兴事物，劳动立法体系尚未对其采取措施予以规制，法律以及行政的监管总是要迟一步。在这种背景之下，对劳动者的"隐蔽剥削"成为企业追求利润最大化的手段之一。以商务合作的方式签订相应的合同，使得劳动者无法获得劳动权益的保障措施，在目前的实践中并不新奇。

其二，现有监管措施难以适用于对共享经济的监管，导致其"野蛮"生长。受资本力量的驱使，追求利润最大化往往是共享经济发展的最终目的。在这一目标促使之下，共享经济企业往往更重视对市场的占有率以及用户数量的增长，忽略了其可能引发的负面效应，包括用户的信息泄露问题牵涉到的隐私权保障、网约工的人身财产安全被侵害时赔偿主体的确定等问题，给政府的监管以及受害人的救济造成了不小的困扰。

其三，共享经济企业的良莠不齐，使得共享经济在某一领域的膨胀式

---

① 李鸿诚. 共享经济：双创背景下的共享模式创新[M]. 北京：企业管理出版社，2017：5.

发展严重。如共享单车行业经历了从最初的雨后春笋般的出现,到最终多家共享单车企业的惨淡收场的反转式变化,让公众大跌眼镜。实际上,这种现象折射出共享经济相关企业良莠不齐的现状,以至于共享经济新生态往往面临着激烈竞争和快速整合。创新能力不足、服务水平较差、运营监管不严格的企业很容易被同行业的其他竞争者排挤出局。国内资本以及媒体对共享经济的过度鼓吹,使得共享经济企业过度泛滥,实际上也是一种对资源的浪费。

"从整个人类社会发展上来看,共享使用比私人占有具备更大的优势。共享是协同消费的核心。"[①] 共享经济是一场深刻的革命,它不仅会影响我们的行业结构,更会深刻地影响我们每个人的生活习惯和行为方式,带来新的社会秩序,同时,这也意味着挑战与机遇并存。

---

① [美]雷切尔·博茨曼,路·罗杰斯. 共享经济时代:互联网思维下的协同消费商业模式[M]. 唐朝文,译. 上海:上海交通大学出版社,2015:8,10.

第二章 共享经济与大学生德育的内在关联

随着互联网技术的日新月异，一系列以"互联网+"为平台的新型商业模式应运而生，以创新、协调、绿色、开放、共享的发展理念为指导，以共享单车、共享充电宝等为具体形式的共享经济如雨后春笋般不断涌现，给我国经济、政治、文化等多个领域带来了巨大的影响。传统的价值观教育在共享时代背景下暴露出诸多短板，我们需要进行深刻的观察与反思。应正确认识共享经济给大学生德育带来的契机，发现问题与挑战，从而探寻共享经济与大学生德育的内在关联性，推进二者的有效融合。

一、德育的功能与大学生德育作用

（一）大学生德育

1.德育与德育价值

近现代的"德育"与"思想政治教育"这两个概念实际上是可以通用的。德育理论的研究随着伦理学学科的兴起以及国外德育理论的传入得到了进一步的发展。在《教育大辞典》中，德育的定义是："旨在形成受教育者一定思想品德的教育。在社会主义中国包括思想教育、政治教育、道德教育。"[1]鲁洁等主编的《德育新论》一书中在有关德育概念的论述部分中有："德育是教育者根据一定的社会和受教育者的需要，遵循品德形成的规律，采用言教、身教等有效手段，在受教育者的自觉积极参与的互动中，通过内化和外化，发展受教育者的思想、政治、法制和道德几方面素质的系统活动过程。"[2]

---

[1] 顾明远，主编. 教育大辞典 [M]. 上海：上海教育出版社，1998：249.
[2] 鲁洁，王逢贤. 德育新论 [M]. 南京：江苏教育出版社，2000：128-129.

马克思指出："'价值'这个普遍的概念是从人们对待满足他们需要的外界物的关系中产生的，……"①价值"是人们所利用的并表现了对人的需要的关系的物的属性"②，"实际上是表示物为人而存在。"③因此，"价值"一词可以理解为：价值是一个主客体关系性范畴，它是主体的需要与满足需要的客体之间的关系，是主体需要在客体功能属性上的对象化反映。

2.大学生德育

由于大学生具有更高水平的认知能力和判断能力，因此与一般的公民德育相比，大学生德育对受教育者在人生观、价值观、道德观的塑造上具有更深层次的影响，也因此要求教师在制定德育方案时要更具体、更具有针对性。杨小微提出："大学生德育教育即高校德育工作者根据一定社会的阶级道德原则和规范，有组织、有计划地对广大大学生施加系统影响的道德实践活动。"④也就是说，德育想要更优地实施，需要教育者和受教育者都具备较高的社会阶层和受教育程度，能更好地实现德育的多元化。

大学生德育不仅仅能够熏陶大学生的道德情操、增强大学生的行为品质、提高大学生的自身素质，还能规范社会行为、优化社会风气、创造和谐社会。因此，加强大学生德育不仅能提高整个社会的人才质量，更是为实现中华民族伟大复兴的中国梦奠定基础。我国目前处于全球化发展的巨大漩涡中，多国的思想文化交流交汇交锋，形成各种各样的社会思潮，大学生探索新事物的猎奇思维使固有的、不太成熟的价值评判标准受到影响，出现了一系列的社会问题。因此，高校应该结合当下的时代背景，在完善原有德育体系的基础上添加新的德育内容，帮助大学生树立正确的德育价值观念，注重与大学生道德情感的沟通，时刻掌握大学生的思想动向，把不正确的价值观念扼杀在摇篮里。此外，新时代大学生思想的波动性导致在德育价值观塑造的过程中出现反复性、多样性、循序性等特点，这要求

---

① 中共中央马克思恩格斯列宁斯大林著作编译局编译. 马克思恩格斯全集（第十九卷）[M]. 北京：人民出版社，1963：406.
② 中共中央马克思恩格斯列宁斯大林著作编译局编译. 马克思恩格斯全集（第三十五卷）[M]. 北京：人民出版社，2013：138.
③ 中共中央马克思恩格斯列宁斯大林著作编译局编译. 马克思恩格斯全集（第三十五卷）[M]. 北京：人民出版社，2013：277.
④ 杨小微. 教育研究的原理与方法[M]：上海：华东师范大学出版社，2002：316.

高校教师根据学生的个人特点实时地调整教育方法，在进行理论教育的同时加强道德实践，并积极引导大学生进行自我教育，培养出适应时代发展的现代化人才。

（二）德育的功能

德育功能是解释说明德育能够干什么的问题，是德育价值和德育目的的保障，是制订德育目标、规划德育内容和选择德育方法的重要前提和基础。[①] 建立清晰的德育功能，树立正确的德育价值观念，发展健全德育体系，是德育活动必不可少的组成部分。

1. 个体性功能

德育的功能在于对德育对象的个体生存、发展、享用产生实际影响。其中，享用性功能是德育个体功能的本质体现和最高境界。

所有的生命个体的存活都要服从自然界的客观规律，遵循与环境交换中以最小的代价换取最大报酬的"经济原则"。这种原则存在于人的潜意识中，会对人的社会活动产生不自知的影响，是社会人在产生社会活动的直觉的来源和依据，这是对人进行德育的价值和意义所在。个体在社会上生存需要科学的价值观、道德规范和行为准则做基础，这些道德观念的养成必须通过德育实现，德育使人的社会性得到了最大程度的实现，社会性是人作为社会人的基本属性。

德育个体价值性功能是德育效果的评价，对个体的德育就是对其社会人格的塑造并推动其发展。目的、内容、形式是德育的三个方面，这三个方面构成了完整的个人德育体系。德育的目的是帮助人们确立正确的价值观念，确立正确的理想信念，有利于人们在成长过程中自发地完善品格，从而形成更加丰富、独立的人格。德育目标的确立是其他德育活动实施的基础。德育的内容包括价值品格、道德准则、情感认知、理想信念等方方面面。内容是德育的最重要部分，是德育的核心，德育活动需要德育内容做强有力的支撑。德育形式也就是教育手段，如何丰富德育形式从而达到更好的教育目的是教育工作者坚持不懈寻求的目标。个体享用性的作用就是通过德育使社会上的个体对人和生活的幸福感、理想信念的崇高意识、

---

① 谢廷平. 论德育功能[J]. 西北工业大学学报（社会科学版），2004（03）：64-69.

人格尊严的捍卫意识都有所提升和领悟。换言之，个体享用性是要求德育以审美与立美模式的建立，使得教育者和受教育者都能在良好和谐的情景下发挥德育的特性。

2. 社会性功能

德育的社会性是指学校德育能够在何种程度上对社会发挥何种性质的作用。德育的功能不仅仅满足于加强学生的政治素养，对社会的经济文化的发展和社会环境的稳定等均发挥着不可替代的极其重要的作用。政治功能、经济功能和文化功能是社会德育功能的重要组成部分。

"德育经济功能就是德育通过培养受教育者特定的思想政治和道德素质来实现对经济发展的推动作用。人是社会生产力的最关键因素，而德育则是通过影响生产力主体因素从而对经济发展起作用。"[①] 也就是说，德育通过宏观和微观两个方面对经济起影响作用：在宏观方面，德育通过培养受教育者形成独特的符合当下时代发展的经济思想与道德准则，从而影响经济人的行为活动，进而达到影响社会经济发展的目的；在微观方面，通过德育手段帮助经济个体树立竞争意识、时间观念等有利于促进经济发展的思想观念。

德育的政治功能就是通过培养受教育者特定的思想政治道德素质来实现对政治发展的推动作用。在人们追求物质满足和精神需要的过程中，德育的政治性功能为公民的经济活动提供了一定的社会保障，德育是社会功能，就是弥补法律的不足、维护政治制度、声讨不良社会现象、引导社会舆论、提高民众的社会凝聚力。通过开展德育工作，通过规范化的、符合社会阶级发展规律的德育内容，统一规范公众的思维方式和言论自由，使得公民能够有一致的积极的价值观念，为德育的其他功能提供基本保障。

"广义的文化指由人创造的适应环境的超生物手段与机制的总和，包括物质文化、制度文化和精神文化。狭义的文化指精神文化，即由政治、经济决定的观念文化和心理形态文化，包括政治、法律、哲学、道德、价值倾向、心理素质、行为习惯等。德育文化功能指德育对精神文化的保存、传递、创造、更新。"[②] 发扬我国优秀的传统文化，去粗取精，是实现德育

---

① 鲁洁，等. 德育新论[M]. 南京：江苏教育出版社，1994：218.
② 鲁洁，等. 德育新论[M]. 南京：江苏教育出版社，1994：224.

文化功能的最佳途径。我国优秀传统文化的累积代表着中华儿女千年凝结的智慧，是人类通过时间打磨遗留的经验教训，值得保留、传承并推广。

3. 教育性功能

德育说白了就是教人如何做人的教育。促进人的德性的社会化是对德育最简洁的表述，也是关于德育的核心思想，它体现了以人为本的精神，即把人作为道德主体对象培养，促进人德性的发展。学生在学校学习到的不仅仅是知识技能，更重要的是树立正确的价值观念，学会如何做人。赫尔巴特（J. F. Herbart）所提出的"无教育的教学"是现代教育存在的通病。整个教育过程没有承担去教人如何做人的教育职责，缺乏教育性功能的体现。

如果教师把教人做人的教育理念贯穿于整个教育活动中，就会发现无论是语文、数学、英语还是体育、音乐、美术，任何一门课都能够和德育关联起来，这样实现了各个学科间的互融互通，共同承担着教书育人的教育任务。

德育在对人格培育的过程中承担着方向性指导性的艰巨作用，在德育关系中兼具着不可或缺的理论基础。德育在教育性功能上有两个方面的表现：一是教人如何做人；二是在智体美诸育中发挥纽带作用。这一功能的实现需要从教育者和受教育者两个层面同时入手：首先要发挥教育者的自身的带动作用，调动一切社会资源，达到把学生培养成有健全人格和独立品格的社会人的目的；其次是要增强学生自我教育的意识，自我教育能使学生在日后进入社会在面对不良社会现象时，不自觉地激发教育的隐性功能，能对不良的德育观念进行自我修正，达到终身教育的目的。

（三）大学生德育的作用

众所周知，对于人的完整生命的塑造和健全人格的培养是学校教育一直以来追寻的目标，而德育则扮演主宰、凝聚和支撑整个生命的成长过程进而使其获得幸福人生的最重要的角色。因此，高校德育就是以在校大学生为主要教育对象，以满足社会需求为目的，并以大学生所必须具备的政治理论、思想意识、道德品质为标准，通过对课程内容的设置、课程教学的安排和教学方法的选择，传递给大学生正确的思想理论知识和社会道德观念，以促进大学生的德育价值观念发生由量的积累到质的变化，为实现中华民族伟大复兴的中国梦服务。

1. 树立正确的人生观念

关于大学生人生观教育的问题，刘献君早在20世纪90年代末就已经开始重视这个问题了。他认为："人生观在根本上决定着一个人一生的归宿和事业的成败。"[①]由此可见，一个人从小树立了正确的人生观对其一生的发展都具有积极的影响，而大学生虽然是法定意义上的成年人，但其人生观还没有完全形成。因此可以发现，高校对大学生人生观的培育与养成承担着举足轻重的地位。人生观的作用可以划分为以下三个方面。

第一个方面是人生目标的确立问题。人生目标的确立是人生理想与信念追求的体现，拥有明确人生目标的人可以更加坚定地过完一生。我国古代就有"士不可以不弘毅，任重而道远"（《论语·泰伯》），认为人要树立远大的理想抱负，要有吃苦耐劳的精神，为人生目标努力奋斗，同时启示大学生要有树立远大目标并为之不懈奋斗的不屈精神。

第二个方面是与人生态度有关的问题。当代大学生都是还没步入社会、为人处世经验不够丰富的、简单的"社会人"。这就要求学校德育承担起教导大学生成为什么样的人、怎样更好地处理人际关系等责任。我国传统文化中的"诚信""仁爱"的思想都是人与人交往之间必不可少的基本礼仪，如"己所不欲，勿施于人"（《论语·颜渊》）、"言必信，行必果"（《论语·子路》）都是在教导大学生树立正确的人生观念。

第三个方面，也是最重要的一个部分，是对个体生命价值的正确认识。不同人的不同价值观使得每个人在对待生命的重大决定时采取不同的态度，进而呈现出形形色色、千奇百态的人生。中国优秀传统文化里的"舍生取义"不是要大学生们轻易放弃自己的生命，而是使生命体在有限的时间内发挥最大的价值。珍惜生命不仅仅要珍惜自身的生命，更要珍惜世间万物的一切生命。人的生命是非常宝贵的，生命的存在是其他所有社会活动的基础和意义，人们都在用自己有限的生命追求无尽的人生。然而在现实生活中，部分高校的德育常常忽视对大学生生命安全的教育，大学生如果对生命没

---

① 刘献君. 大学德育论[M]. 武汉：华中科技大学出版社，2006：122.

有正确的认识,就不能做出珍惜自己和他人生命的正确选择。

2. 培养崇高的爱国意识

爱国主义是民族意识的重要组成部分,它凝聚着每个中华儿女对祖国的热爱,是构建和谐社会的主旋律。因此,加强爱国主义教育,培育大学生的爱国意识,使之成为具有爱国主义精神的接班人是高校德育的工作重点。对国家而言,爱国主义精神最重要的是维护祖国统一和民族团结。尤其在由经济全球化带来的文化多元化冲击的时代,大学生又作为社会主义现代化强国的建设者和接班人,加强大学生的爱国主义教育迫在眉睫。

"在现今时代,做一个中国人,最重要的是具有爱国意识,而爱国意识有一定的思想基础。必须感到祖国的可爱,才能具有爱国意识。而感到祖国的可爱,又必须对于中国文化的优秀传统有正确的理解。"[①]因此,当代大学生必须充分了解中国五千年的历史文化,对中华民族的文明和屈辱都感同身受,这样才能使大学生发自内心地产生对本民族的真挚情感,从而产生相应的爱国行动。

加强对国学文化的传播与发扬是增加大学生爱国情感,增加对本民族文化信心的重要手段。而爱国主义情怀也一直贯穿在中华文化的长河中,"自强不息""己所不欲,勿施于人"的价值观念,"厚德载物""谦尊而光"的君子品行等,都是值得大学生学习的爱国主义思想。同时,更有"匈奴未灭,何以为家"的霍去病、"先天下之忧而忧,后天下之乐而乐"的范仲淹、精忠报国的岳飞等人,通过自己的言行表达出伟大的爱国主义思想。大学生能感受到国学中源远流长的爱国主义文化,能通过阅读历史人物故事对几千年沉淀的爱国主义情怀有深刻的理解,从而形成爱国主义情感和正确的道德认识,最终形成正确的道德价值取向。

3. 培养良好的道德品行

檀传宝提出:"道德在生活中有两种存在状态。一是他表现为道德主体的品质,可以称之为'德性'(品德),二是表现为道德主体的行为,可称之为道德生活、道德实践或者'德性生活'。"[②]

通过研究培养人的道德品行的历史可以发现,儒家文化中蕴含着丰富

---

① 张岱年. 国学要义 [M]. 北京:北京大学出版社,2012:3.
② 檀传宝. 德育原理 [M]. 北京:北京师范大学出版社,2014:65.

的德育思想。"君子品格"一直是儒家思想推崇的理想品格,呼吁大家要有博爱的精神,要爱社会上的芸芸众生。这种"仁爱"思想刚好可以对社会上存在的道德滑坡现象起到警醒和规劝的作用,如果人人都能秉承着这种精神,那么不良的道德现象将会大大减少。高校德育要积极运用中华优秀传统文化以提高大学生的道德认知。

在文化全球化的推动下,道德价值的多元化也呈现迅猛发展的趋势,一些不良思想,错误思潮无时无刻不在侵蚀着大学生的思维判断,功利主义、缺乏诚信、没有奉献精神、民族团结意识与集体意识淡薄等不良社会现象也来越多地成为德育教育者关注的焦点问题。因此,发掘中华优秀传统文化中优秀的德育资源,能够加强传统文化在大学生德育中的地位,填补大学生所缺失的这些道德素养,养成大学生的良好德育品行,完善大学生的人格。

二、现代共享观之于教育的必要性

(一)现代共享观的内涵与价值取向

1. 现代共享观的内涵

对比而言,共享作为一种社会运行机制、社会生活状态自古有之,并非是一种全新的理念,但现代所呈现出的共享却体现为有着鲜明时代特征的一种生活方式或生活观念,体现出人类新的生活价值追求,以公正、共生共存、以人为本等为价值取向,是人类在行为准则和价值规范基础上形成的基本共识。通过对共享历史阶段的简单梳理,大致可以了解不同历史阶段所对应的共享层次、水平。人类原始社会时期与农业社会前期的共享都是低层次的,在依附式人格样态下个体无自主意识,这时的社会共享体现为低水平、强制性、均等的生产分配。而后,农业社会与工业社会的共享是建立在马克思所说的"虚幻的共同体"之上的,尽管个体有了一定的能动性和选择性,但私有制的出现意味着资本家以剩余价值的形式剥夺了劳动者完全共享劳动成果的权利,因此这是一种充斥着剥削、自私自利的有限制的共享。现代社会以信息技术、全球化发展、现代文明为特征的时代发展无疑将共享推向了一个更高的层次。尽管现代社会还远未实现马克思所描绘的高水平、全覆盖、人的自由全面发展的共产主义式的完全共享，但现代社会下物联网和发展驱动，知识经济的推进，独立自主的人格样态等社会经济结构与社会意识形态各方面的改变无疑代表着现代社会的共享进入了一个新的发展层次。

在此，我们将现代共享观视为信息时代以来，立足于现代社会基础上的以共同参与、利益共享为特征的一种现代生活样式与价值追求。其中，共同参与揭示了现代共享观的价值前提是公正，方式为过程性协作；利益共享则指向现代共享观的内容与结果，即对共同利益的追求。

综合来看，传统经济模式下的共享方式始终围绕"谁占有"这样一个利益博弈的问题，对归属问题的追问表现为一种排他性的占有，因此不同共享主体之间矛盾冲突的对立状态是难以避免的。对比而言，现代共享观不再通过单一归属问题的追问来实现共享的利益分配，而是通过过程协作创造产生的更高的使用价值来试图完成利益的共享，具体体现为共同对话、共同参与、共同合作等方式。现代共享观并没有完全否定占有，具体来说是没有完全否定所有权，而是否定了由占有所衍生出的垄断。共享经济强调分别使用、人人使用的新经济模式，共享政治让不同利益群体参与决策和实施以达成共识，资源共享也不再是简单地输出或给予，而是一种创造性的共生。现代共享观的方式归根结底就是通过过程协作来完成共享，这个过程协作是由无数个共享主体共同完成的，过程协作便意味着人人参与，而人人参与决定了真正的利益共享。此外，现代共享观的过程协作更关注个体在整体中的作用，过程协作能够最大程度地发挥个体的价值，人人既是享用者，又是提供者。更具体地说，作为结果分配的共享，其前提是"我"先占有某物然后再去分享给他人，而作为过程协作的共享，不去讨论"谁占有"的问题而是在使用层面实现共享。以现代共享观经济为例，"不问'拥有'上是公有还是私有，而追问'使用'上能不能让大众和万众都能包容性地参与其中"①，分散式合作的经营模式以及物尽其用的资源配置方式将在发挥个体价值的同时又让个体在协作的过程中获得了价值。

现代共享观不是简单的对结果归属问题的划分，而是将关注的焦点转

---

① 姜奇平. 分享经济：垄断竞争政治经济学[M]. 北京：清华大学出版社，2017：132.

向共享的过程，因此现代共享观更强调过程性、参与性，其不仅仅表现为一种利益分配方式，更表现为一种以共同协作、共创共赢为特征的现代交往方式。正如凯文·凯利（Kevin Kelly）在分析人类社会未来发展趋势时所言："我们共享的不仅仅是最终的结果，还有我们的过程"[1]，这意味着未来我们将通过合作的方式来达到利益的共识。

2. 现代共享观所蕴含的价值取向

（1）体现了互惠式的共生价值取向

互惠式的共生价值取向有利于澄清当今人类社会为何选择共享这样一种生活方式，其从存在论角度否定了占有竞争的生存状态，肯定了共享作为常态生活方式的合理性与可能性。一直以来，随着私有制的出现以及工业经济发展对私有制的强化，在以劳动力占有、资本数量为特征的经济形态下，对物的占有以及对人的占有仍然保有着较大的竞争优势，也因此呈现出较强的排他性。同时在理论层面，霍布斯的"一切人反对一切人"的自然竞争状态、以竞争淘汰为特征的社会达尔文主义，哲学上的原子机械论，亚当·斯密的"经济人"假设等一系列理论推演与假设皆刻画出一副以自私、利己、排他、占有、竞争为特征的生存状态画面。综合而言，这种以排他性占有为特征的生存状态在工业经济状态下催生发展的同时也从整体上促进了工业经济的快速发展，但同时其弊端显而易见并威胁着人类整体的生存。充斥着封闭、垄断、竞争、排他的社会特征与人格特征，人与物、人与人之间是一种僵死的关系，所有关系的价值皆需要通过"我拥有""我占有"这样的形式得以体现，"无占有"便意味着意义的丧失，在这种模式下社会的整体状态是封闭且单一的。

正是基于这样一种生存危机以及人类社会交往的需求，发端于16世纪的全球化进程一直延续到今天，涉及政治、经济、文化等多个领域并逐渐走向一体化趋势。同时在理论层面，重新审视自然进化理论与社会进化理论，从亚里士多德对德性中间状态的把握到海德格尔提出"此在本质上是共在"[2]的生存论存在方式，从梅洛·庞蒂的人与自然相互生成的思想到哲

---

[1] Kevin Kelly.The Inevitable: Understanding the 12 Technological Forces That Will Shape Our Future[M]. New York: Penguin Random House LLC, 2016：164.

[2] 陈嘉映. 《存在与时间》读本[M]. 北京：生活·读书·新知三联书店，1999：83.

学家关于主体间性思想对人与人的共生关系的肯定，到克鲁泡特金在《互助论》（1963）中对互助共存的现代人生活特征的描述，到哈贝马斯以交往理性重塑人与人之间的共生交往关系等系列理论共同指向以"和谐统一、相互促进、共生共荣"[①]为特征的共生理念。共生理念的意义在于从生物学、社会学以及哲学的高度肯定了合作、共享、共存作为现代生活方式的可能性，共生系统内各单元、各组织之间相互依赖、彼此共存。

已有学者将共生行为模式概括为寄生共生、偏利共生以及互惠共生三大类型，并认为互惠共生是最优质的一种关系，这种关系能实现能力激发的最大化，共生单元之间存在利益共享机制，所产生的利益由各个共生组织按照某种规则进行分配。[②] 现代共享观所体现的便是这样一种互惠式的共生价值取向，这种共生关系不是一方利益对另一方利益剥夺的寄生共生，也不是只对单方有利而对另一方无利的偏利共生，而是强调双方利益共享的这样一种互惠式的共生价值取向。一方面意味着从存在论意义上否定占有竞争的生存状态，肯定个体间的相互依存性关系，现代共享观正是对共生这样一种基本生存状态的肯定。现代共享观需要建立在一种共同的关系与参与之上，并在此基础上来思考人与物、人与人之间的相处方式。另一方面，现代共享观又为共生价值理念提供了方法论的指导，对比而言，在物联网技术、知识经济催生下发展起来的现代共享观更具实践意义，其价值在于将占有式生存所固有的归属矛盾转化为以排他性使用与包容性使用为特征的使用矛盾，而使用的矛盾可以通过使用方式的完善来解决。现代共享观正是通过分别使用、人人使用的过程协作方式为化解使用矛盾提供了思路，可以说，现代共享观通过对享有主体、内容、方式等问题的回答试图探索一种更为符合共生价值取向的生活方式，是对共生理念的丰富与发展。

（2）体现了人人参与、人人共享的公正价值取向

公正是现代共享观得以实现的价值前提，是所有价值的正当性基础。通过历史梳理可以看出，在不同阶段、不同层次的共享始终围绕"公正"这一核心价值取向对如何定义公共资源，如何分配社会资源，如何分配利

[①] 张永缜. 共生的论域[M]. 北京：中国社会科学出版社，2016：96.

[②] 袁纯清. 共生理论[M]. 北京：经济科学出版社，1998：48.

益等问题进行了讨论。正如赵汀阳所言："公正是所有价值的正当性基础，只有公正才能证明其他价值的正当性。"① 换句话说，今天我们无论在哪个领域讨论共享，无论在多大程度上讨论共享，皆离不开"公正"这一核心价值取向，从宏观的社会分配到微观的人际交往，公正保证了现代共享得以真正实现的可能。在此基础上，我们需要思考公正之于现代共享观而言意味着什么，现代共享观是如何体现公正价值取向的。

首先，公正之于现代共享观而言究竟意味着什么？这需要从公正的本质出发来探究其意义。用罗尔斯（John Rawls）的话说，公正表现为给每一个人他所应得的这种基本形式。② 这包含两层含义，一是"每个人"，这明确了现代共享的范围与程度即广泛且充分的，不是大部分人也不是少数人，而是要兼顾每个主体的利益，因此，人们反对建立在资本主义私有制基础上的、充斥着剥削、自私自利的有限制的共享。中国当下所提倡的共享发展理念便是强调发展成果的全民共享性，共享发展的实质便是追求发展的公平性问题，因此现代共享观提出了人人参与、人人共享的价值要求。二是"他所应得的"，这为前者"每个人"增加了一个条件规定。这确保每个人只在有限范围内享有与其相匹配的基本利益，并且保证其拥有的合法性与合理性，这一点有助于厘清现代共享的边界。尽管现代共享的范围与程度正走向多元开放的趋势，但并不代表人人可共享、事事可共享，而是依据其所应得的合理性与合法性作为其内在限度，例如，不能损害他人的正当利益，不能剥夺他人的自主性权利、不能"搭便车"等。

其次，现代共享观主要通过两个方面来体现公正价值取向。一方面，现代共享观以共同参与的过程协作方式缓和了原有通过结果分配难以解决的问题。原有的结果性分配是必要但并非充分的条件，在个人利益最大化的思维下始终会围绕"谁占有"这样一个利益博弈的问题。现代共享观在保证国家宏观资源调控的基础上，通过人人参与、人人尽力、人人享有这样一种更为关注个体间协作参与的方式打破了原有的种族、性别、国别、政治、宗教、阶级、特权等限制，使得更多的个体具有共享主体的身份，

---

① 赵汀阳. 坏世界研究：作为第一哲学的政治哲学[M]. 北京：中国人民大学出版社，2009：67.
② [美]约翰·罗尔斯. 正义论[M]. 何怀宏，等，译. 北京：中国社会科学出版社，1988：1.

而不仅仅诉诸权利分配下的结果公正。同时，现代共享观肯定了共享主体所呈现出的自主性、能动性、创造性、目的性等主体性，否认权威—依附的个体关系，保证了公正价值取向的实现。另一方面，这样一种过程协作的方式离不开现代信息社会发展的时代背景，受物联网技术发展的驱动，个体之间的沟通与交流变得更为便捷，使得原有的私有、独占、垄断等行为失去价值，新的价值的产生需要通过协作的方式达成。如在共享经济中，共享资源的使用权构建了社会资本（如公众互相分享的过程），使得商品和服务的分配更加公平。[①]

（3）体现了以人为本的价值取向

人的价值在不同的历史时期总会被不同程度地忽视，而相伴随以人为本的价值取向在不同的历史阶段就会被不同程度地提起。文艺复兴运动将人性从宗教神坛中解放出来，并走向理性的道路，存在主义、人本主义等不同哲学流派给予人的价值以不同的注解，使得以人为本的价值取向愈加受到重视。同时，资本主义工业生产下异化的劳动对人的价值的湮没一直影响至今天，今天的情况更为复杂，既有沉积的历史问题又需面对新的挑战。一方面，工业社会下发展起来的以利己主义、自我中心主义、功利主义等为特征的工业性人格在市场经济盛行的今天仍表现明显，人被物化、被工具化而偏离其生存的原本目的，呈现出目的与手段、价值与工具关系的颠倒。另一方面，现代社会转型背景下，当个体以一种自由、独立的人格姿态参与到社会活动中时，人类面临着由熟人社会走向陌生人社会的交往困境，原有的人际伦理正面临着瓦解，而新的人际交往规则还未完全建立起来。在人类基本解决了温饱问题之后，物质、闲暇时间盈余之初，会面临新的问题，即对生活意义的探寻，而此时还不够完善的社会、不够成熟独立的个体都会面临迷茫、空虚以及意义丧失的问题，而最根本的是人的意义的丧失。

现代共享所蕴含的以人为本的价值取向正是对时代问题的回应。以人为本，是以人为目的，对人价值的发现。一方面，现代共享通过使用而非拥有、使用先于拥有而回归到人的目的性本质。人的目的性本质即以人为目的而

[①] 董成惠. 共享经济：理论与现实[J]. 广东财经大学学报，2016，31（05）：4-15.

非工具，以人为活动的出发点。以共享经济为例，原有市场经济中过于重视商品的交换价值而忽视其本体性的使用价值，而共享经济以使用为中心重新恢复了商品使用价值的优先地位，这种思维方式体现为不是通过对物的占有、人的占有来获取价值与意义，也不是将人视为工具来达成目的，而是在使用过程中看是否符合人们的目的，关注过程性享用。另一方面，现代共享对人的主观能动性的重视亦是以人为本价值取向的体现。现代共享强调共同参与，这种参与不仅仅是一种简单的分享，还是价值创造的过程。以知识共享为例，知识作为一种数据符号资源正是在交流、分享的过程中不断形成新的知识，创造新的价值，现代共享以自主、多元的现代性主体为前提，所建立的共享关系是开放的、无限的，因此也是可拓展的、具有创造力的。此外，现代共享以人为本的价值取向还体现在其关注人类整体性生存，以人的相互依存性关系为前提追求人类的整体性发展。

（二）现代共享观之于教育的必要性

现代共享观作为一种时代理念，无论其在社会政治、经济、管理、文化等多个领域所呈现出的变化还是其所蕴含的价值取向，这种改变都影响到了教育的发展。因此，我们需要首先讨论现代共享观之于教育的必要性，这种必要性主要包含两点：第一，从逻辑上来讲，教育本身具有共享的本质属性，这意味着现代共享观与教育之间具有理论上的相通性，在教育领域谈共享理念有其理论上的必要性。第二，从时代趋势来看，共享时代发展对教育提出了新要求。全民共享、资源共享的时代要求改善教育的私有化，确保教育的公平发展，打破教育的封闭单一，走向更为开放多元的教育。

1. 从逻辑上：教育具有共享的本质属性

（1）教育中的人有共享的需要

一个事物对人是否有价值，就是视其能否满足人的某种需要。同时，人的需要是人对其生存、享受和发展的客观条件的依赖和需求。[①] 教育中人的共享需要主要体现在内在需要和外在需要两个方面。

所谓内在需要，即人自身的需要，这一点是共生性价值观的延伸。"人是社会的存在、共同的存在，具有共同性的欲求，甚至可以说这种依存性

---

① 袁贵仁. 价值学引论[M]. 北京：北京师范大学出版社，1991：51.

与依存感是人的本质。"① 共生是人的本质体现，它意味着人与自然，人与人之间是一种共生性的存在，不能损害他者的利益，同时又在这种共生性存在中得以生成并获取意义。现代共享观便是呈现出这样一种互惠式的共生价值取向，共享并非是一个单向给予的结果，而是主体间共同分享的过程。

所谓外在需要，是时代发展对人发展的外在要求，反过来是人对其生存环境的客观条件的回应。一方面是生存危机的诉求。生态环境的恶化、自然资源的减少已威胁到人类的生存，无论是旧能源的共享使用还是新能源的开发利用，都需要人们秉承一种共享的价值理念，通过人人参与、人人共享的方式来试图改善这样一种生存危机。同时，现代社会中存在的功利主义、极端个人主义等竞争性的、排他性的人与人之间的关系都不利于人的发展。现代共享观互惠式的共生关系有利于反思现代社会中的人际关系，通过一种利益共享的方式促进人的发展。另一方面是时代发展的要求。现代共享时代的影响是多方面的，表现在政治领域、经济领域、管理领域、教育领域等多个方面，而每一个领域内的共享活动都以人的一种共享价值观作为前提基础。就此，教育的价值就在于如何满足人的这种共享需要，并使其得以合理运用。

对教育中的人来说，一方面，教育的本质是一个社会化的过程，教育本身并不是单个个体的孤独经历，而是分布在不同主体间的一种共享经历，教师与学生，学生与学生等不同主体间都需要交流、共享经验、相互合作。另一方面，教育需要培养人的合理的共享意识、共享思维、共享能力，以回应时代发展的要求。

（2）教育本身是一个知识共享的过程

"发展和利用知识是教育的终极目的。"② 教育是一个知识共享的过程，其意义就在于知识本身所具有的社会属性，它需要通过认识、使用而不断生成，这种认识、使用便是不同主体间共享的一个过程。

在此，我们可以将知识广泛地理解为通过学习获得的信息、理解、技

---

① [日]尾关周二. 共生的理想：现代交往与共生、共同的思想[M]. 卞崇道，刘荣，周秀静，译. 北京：中央编译出版社，1996：104.

② 联合国教科文组织. 反思教育：向"全球共同利益"的理念转变？[M]. 联合国教科文组织总部中文科，译. 北京：教育科学出版社，2017：71.

能、价值观和态度。一方面，知识本身并不是一种静态的、绝对性的、终结性的表征，而是以实践性、开放性、生成性为特征的，这意味着它需要不断被更新、被创造才得以发展。知识作为一种符号性资源，其使用价值的彰显便是通过创造来完成的。如果没有在利用知识的过程中不断生成新的知识，那么知识本身是固化的，教育难以谈发展，人类社会也难以进步，正是因为知识本身的创造与再生产才得以推动人类社会的整体进步。另一方面，教育作为一项培养人的活动，这种培养人的活动主要体现为教育主体对知识的习得、运用以及创造，也就是说教育是一个利用知识以达到育人目的的过程。在此基础上，教育又不仅仅是获得知识，而是体现为一种习得和使用知识的过程。学习知识的过程并不是单个教育主体孤立的学习过程，而是不同教育主体间共享知识的过程，这个过程并不是教师或者任何权威人物与学生之间孤独的个体经历，而是一种同辈之间的协作性的共享经历。

（3）教育作为一项公益事业，应具有共享性

2015年联合国教科文组织在其发布的研究报告《反思教育：向"全球共同利益"的理念转变？》中明确指出，教育是人的生存和发展的权利，教育要尊重生命、尊重公正等，使人们过上有尊严和幸福的生活。同时，教育是一项基本人权，并且有助于实现其他各项人权。[①] 这意味着教育作为一项公益事业而存在，教育具有非营利的性质，其根本目的不是为了谋求利益、获得利润，而是为了所有人的生存与发展。在此基础上，教育作为一项公益事业而存在，这就要求教育要具有公共产品的性质，即具有非排他性和非竞争性。教育主要是由政府提供经费而实现的服务，国家作为教育事业的主要承担者，应该确保教育权的落实，以保证每个人享有受教育的基本权利。

教育作为一项公益事业，应具有共享性，这意味着教育应向所有人开放，而非被部分人所独享。在人类发展历史上的很长一段时间，教育被视为少数人的特权，象征着一定的阶级与身份，被限定在一定范围之内供少数人使用，是社会不公正、不平等在教育领域的一个反映。时至今日，审视人

---

① 联合国教科文组织. 反思教育：向"全球共同利益"的理念转变？[M]. 联合国教科文组织总部中文科, 译. 北京：教育科学出版社, 2017: 66-67.

类整个教育事业的发展，教育领域的不公正、不平等现象仍然存在，在全球一些欠发达地区的人享受基本的受教育权利仍然还未实现。同时，随着市场经济给教育发展带来的影响，私营部门越来越多地参与教育，给教育发展注入活力并提供更多选择的同时，也带来了新的不平等，这种不平等主要体现为边缘化群体在教育市场化过程中接受优质教育资源以及平等受教育的权利都会受到冲击。

2. 从时代上：共享时代对教育提出了要求

共享时代所呈现出的全民共享、资源共享等特征对教育的发展提出了新要求。一方面，受市场经济发展的推动，教育私有化已成为教育改革浪潮中的一个重要方面，但教育私有化带来的消极影响阻碍了教育的公平发展。共享时代是一个全民共享的时代，全民共享要求改善教育的私有化，确保人人共享教育基本权利的要求得以实现。另一方面，资源共享要求打破教育的封闭单一，走向多元开放。

（1）全民共享要求改善教育的私有化，确保教育公平发展

自20世纪90年代以来，教育私有化作为一个热点问题一直被提及，学界对其褒贬不一。教育私有化常表现为私人机构办学、私人投资教育以及受教育者行使问责权三种形式，其根源于公众对政府运作公立教育体制的不满，时代挑战以及社会变迁带来的供需压力。[①] 教育私有化作为一种教育改革浪潮，有其积极的影响，比如，满足公众多样化的教育要求，使得公众有更多选择教育的余地，通过教育市场对公立教育的冲击来推动教育的变革，通过不同学校之间的竞争，从而推动公立教育质量的提高等。但从宏观视角来看，教育私有化带来的积极影响是有限的，它对某些社会群体会产生消极影响，同时在具体的规划、实施等方面也存在许多问题，阻碍了教育的公平发展。

教育私有化的消极影响主要体现在以下两个方面。一方面是由于社会公共主管部门监测和监督力度不足导致的，比如私人机构无证办学，缺少合格的教师资源，办学质量不高等。这样带来的消极影响是由教育市场的恶性竞争而带来的教育质量的整体下降，同时私人办学质量的不高又会影

---

① 钱扑. 教育私有化浪潮及其社会成因剖析[J]. 外国中小学教育，2007（11）：8-12.

响教育的整体发展，因此通过教育市场获得的这种教育服务其实存在较大的风险。同时，私营机构收费不受管束，会进一步损害教育的公平发展，因此，"从更大范围来看，这可能会给落实接受优质教育资源的权利和实现平等教育机会带来负面影响。"[①]另一方面，教育私有化受市场调控的影响，只对某些社会群体会产生积极的影响，但对处于社会中、低层的学生来说，其享受优质教育资源的范围是非常有限的，甚或说他们没有享受公立教育之外的优质教育资源的机会。他们受社会经济地位的影响只能被迫接受相对较差的教育资源，承担教育私有化过程中所带来的消极影响。此外，"教育的私有化会导致政府的教育预算和投入减少"[②]。同时，公立学校的教师进行私人补习的活动也会影响公立教育的质量，这就意味着由政府提供的公立教育的质量也会受到一定程度的影响，从而又会对教育公平产生影响。

现代共享时代是一个全民共享的时代，这意味着每个人应该享有他所应得的。正如前文所说的，现代共享观提倡人人参与、人人共享的公正价值取向。这体现在教育领域，教育作为一项公益性事业，应该确保人人享有受教育的基本权利，以及更多的人能够享有优质的教育资源，而非因教育私有化而放弃对教育公平的追求，降低公共教育的质量，损害部分群体的应得利益。

（2）资源共享要求打破教育的封闭单一，走向开放多元

现代共享观视野下的教育资源共享主要是指依托互联网发展起来的一种教育资源共享，主要体现为依托现代信息技术，通过不同教育主体间的资源共享行为，使得具有不同身份的教育主体都可以随时、随地享受更多优质的教育资源。教育资源的共享日益发展具体体现在以下四个方面：其一，教育资源共享主体日益广泛，得益于互联网的发展使得现有教育资源共享打破了现实身份的限制，让不同身份的多元主体都可以通过网络享用到优质的教育资源；其二，教育资源共享内容日益丰富，从教学场所、仪器设备等硬件资源到师资、课程、教学经验等软件资源皆可共享；

---

① 联合国教科文组织. 反思教育：向"全球共同利益"的理念转变？[M]. 联合国教科文组织总部中文科，译. 北京：教育科学出版社，2017：65.

② Ahmed Mohamed Nabawy，邵晖. 发展中国家的希望与风险：教育私有化[J]. 比较教育研究，2002（S1）：111-116.

其三，教育资源共享方式日益便捷，教育资源共享以互联网为主要载体，E-Learning、慕课（MOOC）等一系列线上学习平台的兴起让尽可能多的优质教育资源都可以通过网络随时随地获得，打破了时间和空间的限制，随着互联网的发展，教育资源共享将更为便捷；其四，教育资源共享成本日益减少，现有的教育资源共享并不只是一种大规模的资源分配，而是一种"基于数字化内容的协同生产和消费模式"[①]，在这种模式下互联网将所有的教育分散化资源进行了最大程度的整合，在此过程中，人人皆可成为教育资源的提供者，同时也是教育资源的享用者，让"提供"与"使用"进行直接对接以减少不必要的中间环节，这种协同生产的模式意味着教育资源共享成本的日益减少。

　　教育资源共享要求打破教育的封闭单一，才能够实现教育资源的充分共享，走向开放多元。一方面，在现代教育资源共享之前，受多种边界的限制，如种族、性别、国别、政治、宗教、阶级、特权、时间、空间的限制等，教育资源或者说优质教育资源只能被部分人享有，教育整体是封闭的而非开放的。教育资源共享要求弱化这样一种边界意识，以保证教育资源的丰富性和多样性。教育资源可共享的内容是多方面的，不仅仅包括基础设施、网络资源等静态的、物质条件的教育资源共享，也包括教师、学生等动态的、生成性教育资源的共享，体现为共享学校、共享课程、共享教师等多种共享形式。另一方面，现代共享视域下教育资源的共享要求通过人人参与、人人共享的方式实现教育资源的合理配置，使得教育资源能够物尽其用。现代共享观较之前的共享观的一个典型特点是其共享方式从结果分配转向过程协作，现代共享观不再通过单一归属问题的追问来实现共享的利益分配，而是通过过程协作创造产生的更高的使用价值来试图完成利益的共享，具体体现为共同对话、共同参与、共同合作等方式，也就是人人参与、人人共享的前提。这对教育发展的意义在于充分调动教育主体的能动性，在现代共享观视域下人人皆可作为教育资源的享用者，人人也可以作为教育资源的提供者。现代共享观视域下教育资源的提供者可以是政府、学校，甚至是个人。"实际上，作为优质教育资源的供需双方是交叉重叠，可以

---

① 戈志辉. 共享革命[M]. 北京：中国发展出版社，2017：98.

相互转化的,理想状态是在各种信息化优质教育资源的建设上能够各尽所能,使用上各取所需。"[1] 这既实现了教育资源的合理配置,使得教育资源能够物尽其用,同时又充分调动了教育主体的能动性。

三、共享经济与大学生德育的内在关联

(一)共享经济对大学生德育的积极意义

1. 共享经济的群文化丰富了大学生德育内容

共享经济环境下出现了所谓的群文化,也可以称共享经济为在群的表现方式中发生并产生作用的经济形式,从原来的因地域原因聚集在一起的人与人之间的关系,转变成为与使用同一种产品或同一个品牌产品更为细致微妙的人与人之间的关系。在这种情境影响下,现在的共享经济逐渐发展壮大。根据社交需求或其他各种自主分类,每个人都带有多种标签。如今微信群盛行,这就是共享经济开花结果的一种形态,每一个群组都会有一个标签,即成员们由一个共同的点而聚集在一起,有些是一个班的同学,有些是因为玩同一个游戏,有些是考同一个学校的研究生等,这些人组合在一起,利用互联网做着各种事情,从而形成了"群文化"。这些社群或者圈子当中的成员会因为共同的喜好进行互动,从线上到线下,对所有的用户而言,每个人都是群的获利者,同时也是贡献者,通过共享和互利,让群发展得更为长久。可见,群文化则更加生活化,人根据不同的社交需求或兴趣等生活化的缘由产生人群聚焦,形成了去中心化的社群组织,即群或圈子。

如马克思所说:"个人总是并且也不可能不是从自己本身出发"[2],"在任何情况下,个人总是'从自己出发的'"[3]。即不论是群主义还是马克思、恩格斯所阐释的集体主义,都明确表示不遏制个体对个人利益的追求,群

---

[1] 任友群,徐光涛,王美. 信息化促进优质教育资源共享——系统科学的视角[J]. 开放教育研究,2013,19(05):106.
[2] 中共中央马克思恩格斯列宁斯大林著作编译局编译. 马克思恩格斯全集(第三卷)[M]. 北京:人民出版社,1960:274.
[3] 中共中央马克思恩格斯列宁斯大林著作编译局编译. 马克思恩格斯全集(第三卷)[M]. 北京:人民出版社,1960:514.

主义者也认为不能罔顾完全的自由主义和个人主义发展，因此其两者的内在本质性是一致的。

这种时代的产物应该也必须纳入德育内容中去，破除学生对传统社会表现出的极端集体主义的偏见，发掘群文化对大学生全面发展的积极影响，在新时代对集体主义进行全面的时代性解读和拓展，教育并倡导学生践行集体主义，防止消极的利己主义之风影响新时代大学生。当今的大学生大部分为独生子女，备受宠爱的学生极易被利己主义侵占思想并干扰其行为，阻碍了价值观的培育，各种价值观念在大学生身上"争抢"主导地位，对其进行集体主义的教育和引导是十分必要和重要的。群的概念在大学生德育上的增添，一方面在日常生活中让大学生从学会群的组成并参与群的活动，逐渐重拾集体主义精神，另一方面更重要的是丰富德育内容，增强其时代性。

2. 共享经济的泛中心化有助于大学生明确自身价值

在传统的产销模式中，生产者单方面的策划并计划生产某种产品或某些数量，消费者与生产者之间隔着一个具有完全自主意识和自然人天性的销售商，具有很大的不可控性和随意性。这是除了商品本身问题之外，在很大程度上影响着消费行为的完成度和满意度的因素，中间商在一定意义上可以说是消费市场节奏的控制者了。在这种消费市场中，人们的消费体验是不舒适的，消费情绪是不高的，消费理念也是无法正常培养和发展的。这十分不利于消费者表达个人意愿和消费需求，生产者也没法接收到第一手消费反馈信息，只能通过偶尔的费时、费力、费钱的市场调查才能了解到一些消费者的事后想法。暂不谈这种市场调研的信息收集完整性和系统性以及实施的可行性与可信性，单从其滞后性就可见其实际的制约性是非常大的。共享经济的去中心化与泛中心化是对其不同方面的探索而概括出的两种不同特质。去中心化是在分析共享经济与传统产销衔接的经济模式的区别时的一个重要的区分点，共享经济去除了中间商这个中介，达成了产销对接的销售链，这是去中心化的表现。同时共享经济也是再中心化的过程，共享经济行为发生并完成的一个必不可缺的核心就是在生产者与消费者中间必须存在一个网络平台，即共享平台，因此可以认为共享经济实际上是一个去中心化之后再中心化的过程。泛中心化则是针对共享经济整体而言的。与传统商业中心化模式相反的是，共享经济模式的供应者、消费者是可以互相转化的，甚至可以同时存在于一个个体上，即数以亿计的世界人民但凡是共享经济的参与者都是消费行为发生和完成中不可缺少的一分子，更重要的是每一个参与者都可能是下一个交易行为的中介。每一个参与者开始都是对交易持观望态度，一旦有交易成功完成，那么人们就有很大可能加入进去。共享平台作为共享经济的中介则是由将用户连接起来的通信子网和资源子网构成，其中包括无数可计的网络通信节点。在偌大的网络平台上，基于对陌生人的不信任感，刚开始交易时还是以熟人关系为主，逐步地介绍、大胆尝试、逐渐发展到陌生人之间的交易。因此，就共享经济的构成主体和交易行为过程来看，泛中心化逐渐形成。

这种泛中心化的特质使得共享经济真正成为全球参与的活动，也使得每一个参与者都能主动意识到自己很有可能成为一个不可或缺的中心，即自身的重要性和不可替代性，在创造个人经济利益时发现自己的个体价值，便更加愿意去主动创造和实现个人价值。因此，大学生就更需要进行社会主义核心价值教育，通过教育和引导让大学生在正确认识自身的价值的同时，更好地尊重和理解其他的价值观念。大学生在共享经济中日益发现自身的价值和重要性，若无教育的引导，膨胀的自我意识会将价值观不明确的大学生引入歧途。为适应和配合社会带给大学生的变化，当前大学生德育的首要任务应该是正确引导其认识自己在家庭、学校以及社会中的价值，引导其正确处理扮演不同角色时发生的心态变化。

3.共享经济背景下新主人翁精神助推大学生德育地位提升

共享经济倡导的是一种新主人翁精神，"指在个人的能力和条件基本符合了某岗位任职资格的前提下，按照该岗位的要求，履行和完成岗位的全部工作，实现个人的社会价值"[①]。新主人翁精神不仅继承了传统主人翁精神的集体主义哲学传统，更重要的是结合了当今社会的发展趋势和观念变化，更加直接和突出地强调了自我实现等个人价值的哲学思想。在共享经济中参与者所实行的各类共享行为，不仅能够得到一定程度的声誉收获，也能够得到来自陌生人的精神鼓励和信任。共享实际上是没有任何地域、

[①] 凌俊. 弘扬新主人翁精神，塑造学工队伍新形象[J]. 新校园（上旬），2017（05）：132-133.

种族、性别、宗教之分的，也就是说只要秉着自愿的原则与他人分享，那就自然而然地加入了共享经济的参与者行列。可见共享经济本质上就是关于人的经济模式，因为人是小到个体、群或圈子，大到整个人类社会无法替代的组成部分和参与者，因此，无论是个人、团体、企业等均是以人为中心而形成的，他们群聚在一起共同参与、共同作用于共享经济中，通过分享自己所拥有的物品或服务获得相应的经济收益和其他精神上的回报。在共享经济模式中，人扮演着诸多角色，但不管是哪一个角色都在共享活动中得到了充分的人格与职业的尊重和保护。共享经济不论是从行为主体还是创造初衷、最终目的等都是以人本身为一切行为的重点，以人的合理需求为一切行动的出发点，以满足人的多种利益为最终目的，直接提高了人们的地位，人的主体性得到了充分发挥。

共享经济是由人构成，并由人控制运行的，人们在其中扮演着不可缺少的角色。人在社会中的地位和个人价值实现的可能性由于共享经济的精神文化导向得到彰显，秉承着新主人翁精神的群众对社会、公众、个人都具有更高的要求，对自身社会责任感和奉献度也有着更高的要求。参与者，即广大的群众在生活中随时随地参与和发起共享行为，为共享经济的健康、可持续发展做出自己的努力。在共享交易行为完成时，个人的主体性和社会性得到极大的提高和满足，从而提升了个人对易参与、收益快、交友广、圈子多的共享经济的认同度和归属感，个人价值得到实现的同时社会价值得到彰显，个人的社会荣誉感增加，反过来对共享经济的奉献度将会更高，两者彼此作用，共同塑造参与者对共享经济活动的新主人翁精神。共享经济一些领域的领导者更是发现了这个现象，便使用各类营销策略包括广告标语和产品理念大力倡导此精神文化，力图让所有参与者塑造自身是共享经济活动的主导者式的新主人翁精神文化。

新主人翁精神的倡导和发展使得人们对自身和社会的要求同步提高，以强有力的需求感去提升自身素养以更好进行更高质量、更高收益的共享经济交易活动。新主人翁精神在大学生群体中更加凸显，现今的大学生都是"00后"，被广泛贴上了自我、不羁的"标签"，处于大学阶段的这批年轻人对社会充满了未知和疑惑，纵使共享经济已存在其生活中，但作为学生角色和社会人员面对共享经济时的差别还是很大的。将新主人翁精神内化为个体的思想意识，有助于大学生融入社会，在社会中找到自身的位置。因此，对其进行德育可以帮助其正确理解"主人翁"不是"主人"而是奉献者和享有者的本质，帮助大学生以正确的心态走向社会去践行共享经济"主人翁"的使命。

4.共享经济的健康发展助推社会主义核心价值观的践行

共享经济是一种可持续的经济形态，并在其发展过程中逐渐体现出发展的可持续性和远大的前景，甚至有人说未来的经济是共享的。共享经济的发展已经引起了颠覆性变革，如生产协作关系的变革、人们对产权观念的改变、社会经济形态的变化、劳资关系的变革等。从其健康的可持续发展的角度来看，共享经济的影响可以按照社会主义核心价值观的三个层面来概括，在一定程度上实现了核心价值观。

从实现国家层面价值来看，共享经济从出现到发展都带来经济效益的显著提升，在增加人们的经济利益、提高生活质量的同时，也推动了经济结构的调整和优化，进而改变对耐用消费品的销售与使用方式，并对所有权观念带来冲击。从某一层面来说，赠人玫瑰之手，经久犹有余香，在共享行为中留下的并不仅仅是"香"，更有着诸多其他方面的好处。人们在共享物品和服务的时候，也在分享着人类将一起创造的、经历的、享受的、共同的未来。经济基础决定上层建筑，经济的发展使中国走向富强、走向世界更大的舞台，发挥更大的作用，实现了中国作为最大的发展中国家的带头作用。在经济持续稳定发展的时期，我国政治体制也在不断地完善，民主和文明的风气在全社会扎根立足，全国人民上下一心，共创和谐美好的中国。

从实现社会层面价值来看，共享经济发展到今日，已经变成全球共享、全球参与的经济形态，在共享物品和服务的同时，各种价值观念也悄然进入中国社会，尤其是大学生群体极易受到西方价值观的影响。对大学生进行社会主义核心价值观教育，使之学会对各种价值观念进行判断和取舍。在共享经济这个平等开放的共享平台上，参与者有很大的自主权自由地进出共享经济市场、自主决定与顾客建立纽带的方式、平等地进行共享经济行为交易，同时经济发展带来更加开放的社会环境，反过来也促进了社会成员实现个人自由而全面的发展。共享经济在运行的过程中逐渐产生了不同于传统生产者和消费者之间的固有关系,这在一定程度上明确了行业中自由职业这一合作关系,共享使得越来越多的消费者转化成了可供共享物品和服务的提供者。共享建立在一个开放且自由的网络平台之上,参与者不必忍痛割爱个人的日常自由或生活方式,因为在共享中个人完全可以成为自由职业者,其劳动价值的实现时间与方式可以自行选择,不必因生活的压力选择放弃个人的梦想或割舍个人的能力。以网络平台为中介的共享经济给供求双方一个可以分享和寻找供共享物品或服务的地方,这不仅给供求者提供了方便之道,还将参与者的个人资料全网信息化,能够更有效地防止欺骗交易,减少对需求者造成不公平损失的可能性。共享经济模式是以按需分配为核心的,通过中间平台合理调配资源,更能体现公平、公正、公开的特点。但与此同时,许多业内人士都认为可以从共享经济的发展趋势中看到人类生活将会发生的变化:商品化信任的重要性越来越突出,这将使不能适应现代发展节奏的企业甚至行业出局,例如传统的酒店行业。同时,为了加强各行各业的规范性,法律体系和相关规章制度会逐渐完善,这对实现我国法治社会起到了促进作用,在很大程度上实现了社会主义核心价值观的社会层面价值内容。

从实现个人层面价值来看,个人在参与共享经济中自身的需求得到极大满足的同时也明确了一个事实:只有在遵守国家法律法规的前提下,维护国家尊严,尊重各行各业,自觉参与经济活动,保持诚信与人为善才能够在共享经济中立足。共享经济的日益普及让工作成了人们日常生活方式的一种,全职工作不再是唯一的收入来源,共享经济中只要你认真工作,可以兼职任何你想做的工作作为业余收入,这成为规避失业风险的有效通道。除敬业之外,共享经济最能实现的个人价值是诚信,包括个人诚信和社会信任。共享经济虽然在各行各业繁荣发展,其所创造的价值除了显而易见的经济效益之外,还有常被忽略的共享活跃度,如果人们只是通过互联网传递消息,那么互联网的作用只是提高了生产效率。但基于信任的共享经济能够使得互联网发挥更大的价值,实现指数级别的增长。要发挥互联网在现实中产生的价值——共享活跃度,需要完善相关的体制机制和营造信任环境。因此,由共享经济活动实现的前提、进行的可能及完成的必要条件都可以看出信任的重要性,建立健全的信任机制对共享经济的发展有着决定性作用。反过来，共享经济也重塑其社会信任机制，共享经济通过一系列的网络措施的实施，如评分体系、实名认证等，用切实的方式使网络信任建设更进一步，将陌生人连接在一起。社会信任如流水一样流动，滋养每个社会成员，促进实现美好生活。

（二）大学生德育对共享经济的助推作用

1.大学生德育促进共享经济形式的完善

共享经济作为一种可持续发展的经济形态，核心价值观能够以其前瞻性的特性来预测共享经济发展过程中的当前行为对未来可能产生的影响，从而有效地推动共享经济形式的完善。共享经济形式的完善实际上需要具有高度成熟的经济社会体系作为支撑。这就要求在共享经济活动中的参与者首先要具备高文化水平和高道德素质，在日常生活中有与他人分享的行为习惯和思想领悟。其次，网络水平的高度发展建立起了较完整的信息数据系统，为各企业与社会倡导建立的信用体系提供了信息来源和技术支持，人与人之间的共享将在信任的基础上得到更好的发展。共享经济形式的完善是一个需要长期坚持并不畏艰难的过程，这不仅要求国家教育等各方面水平的进一步提高，更要求社会成员从改变日常生活习惯和消费行为习惯做起。可见，我国社会中较低的社会信任感成为影响国内共享经济更好更快发展的重要一面。

核心价值观在价值观体系中处于核心和根本地位，它集中支配和统率着其他价值观，它也代表着价值观体系的基本特征，也是一种文化区别于另一种文化的基本价值观念。"不仅存在于社会成员之中，而且也广泛存在于各行各业与各种社会组织之中，而这些所谓的核心价值观往往都是与该行业或该组织的性质密切相关的。"[1]大学生德育中的社会主义核心价值观教育则是我国高等教育乃至整个国民教育的重点，是大学生从学校教育到社会教育、自我教育的重点。高校作为主阵地，应切实将其融入教育教学的各个环节，激活教育的活性，从思想和价值观层面提高大学生的整体道德素质和品质素养。大学生群体作为当代共享经济发展的核心力量，其

---

[1] 江英飒，潘坤，尹君，等.高校师生核心价值观的构建与实践[M]. 成都：四川大学出版社，2014：3.

教育水平的提高关乎共享经济的发展质量，同时对整个国家的思想道德和科学文化水平的提高具有重要意义。该教育切实影响到了大学生学习生活的各个阶段和各个方面，可以说大学生的核心价值观教育是国内整体教育水平提高的重要的一部分，同时，核心价值观教育对大学生的日常生活价值取向和生活行为习惯产生了很大的影响，可直接影响到其树立正确的"三观"，更重要的是改变大学生群体的盲目冲动及过度消费观念和慵懒随意乃至放纵的生活方式。除此之外，核心价值观教育对大学生影响的最大之处莫过于诚信意识的培育和践行，诚信是共享经济发展的核心机制，思想最活跃的参与者群体——大学生的诚信意识是其中最为关键的一环，现今"网红"现象、"碰瓷"现象等在不断"消费"着大众特别是即将步入社会的大学生群体的社会信任，缺少大学生群体的共享经济是没有活力和创造力的，没有信任的共享经济是不可能继续发展的。因此，德育使得大学生群体的整体教育水平不仅提高了，更重要的是深化和升华了，由此可扩延至拉高国内整体的教育水平。从价值观念上教育和引导人们树立诚信意识，增强其社会信任度，鼓励其对社会保持热忱和真诚，为社会发展奉献出独一无二的创新力和激情，促进共享经济形式的不断完善。

2.大学生德育能够筑造共享经济健康发展所需的优良环境

当代中国以社会主义核心价值观为价值依归来引导多样的社会思潮，在全社会形成一种有主导、有秩序的价值观氛围，从而形成了和谐稳定的社会环境。在潜移默化和宣传教育双管齐下的社会主义核心价值观的影响下，社会成员尤其是思想活跃的大学生深受影响。邓小平同志曾说："中国的问题，压倒一切的是需要稳定。"[①]经济的发展离不开稳定的社会环境，那么共享经济作为一种新时代飞快发展的经济模式，其发展是需要和谐稳定的社会环境的，需要人们有自觉共享的意愿。从大力倡导社会主义核心价值观以来，我国社会充满活力又和谐有序，整个社会呈现出一种和谐稳定、共享友爱、平等互助等氛围，离"把我国建成富强民主文明和谐美丽的社会主义现代化强国"[②]的目标更进一步。它引导人们自觉地关心国家、社会和他人的发展，在各种形式的教育下培育契合当今时代和社会发展的德智

---

① 邓小平. 邓小平文选（第三卷）[M]. 北京：人民出版社，1993：284.
② 习近平. 习近平谈治国理政（第三卷）[M]. 北京：外文出版社，2020：23.

体美劳全面发展的人才。只有在共享经济和谐的社会中获得具有良好教育和道德素质的经济助推者来源，获得开放自由的社会风气，更获得国家的大力支持和鼓励，共享经济才能向着健康向上的方向稳步前进。

第三章 共享经济背景下大学生德育现状分析

共享经济的出现扩大了我国的内需，刺激了国民消费，成为拉动我国经济增长的新动因。与此同时，人们的生活变得更为便利，思想变得更加开放，可与之相关的公共道德约束变得越来越薄弱，公共道德意识提高缓慢。高校大学生作为新时代社会主义现代化建设的新生力量，作为我国走向国际舞台的后备军，他们的道德培育如何进行，不仅关乎高校大学生的形象，还关乎我国的国际形象和地位。因此，大学生的公共道德培育应该得到相应的重视，德育工作的意义深远。本章以共享经济为视角分析大学生公共道德及德育现状，为以共享发展理念引领构建大学生德育体系提供现实依据。

一、共享经济背景下大学生公共道德现状

（一）共享经济对大学生公共道德提出了新要求

共享经济的平稳运行，需要公民的道德素质作为保障。大学生作为公民的主体，他们的公共道德素质对维护社会的和谐稳定具有不可估量的作用。

1.共享经济需要大学生自觉树立公共意识

如果说外部的要求是客观条件的话，那么共享经济的发展也离不开内部条件，比如大学生的主观意识。这种内发于心的意识，能够为具体的共享行为提供动力，因此，公共意识的形成还需要大学生自觉体验共享情感、树立共享意识，进而形成共享价值观。

（1）自觉体验共享情感

共享情感是指作为共享经济的参与者、享用者、经营者在参与共享经

营、接受共享服务、获取共享收益时所获得的积极的主观感受。主要包括：一是对共享经营方式的认同感。以往，大学生做家教，或者从事其他社会活动，都需要走出校门，这就难免会出现学生自主活动与学校管理之间的冲突。而共享平台的出现，使得大学生足不出户，就可完成共享经营活动，由此带来了极大的愉悦感。二是对共享收益的满足感。在高校中，贫困大学生一般通过勤工助学来赚取生活费和学费，这样确实解决了部分贫困大学生的燃眉之急，但学校提供的岗位是有限的，报酬通常不高。利用共享平台，大学生有了多样化的兼职机会，同时工作时间自由，收益不菲，这样就会让大学生产生极大的满足感。三是对享受共享服务的自足感。走在校园的小路上，随处可见骑着共享单车去上课的大学生，他们三五成群，享受着夏日的微风，丝毫不会担心上课迟到的问题。校园里的共享单车，解决了大学生宿舍楼和教学楼之间"最后一公里"的问题，增加了大学生上课的自足感，使大学生上课的积极性更加高涨，有利于高校教学的开展。大学生在体验共享经济带来的愉悦感、满足感的过程中，逐渐形成了一种积极的社会责任感，从而能够自觉维护共享社会秩序、推动共享经济的发展。

2. 自觉树立共享意识

共享情感发展到第二个阶段，就是共享意识建立的阶段，这是一个由现象到本质的过程。在这一阶段，大学生对共享道德规范已经有了初步的认识，无论外界如何影响和误导，内心的共享认识都不会因为外界的影响而减弱，这是大学生共享情感的价值判断和价值选择的统一。这种统一是将共享的公共性内化为自身的需要，这种需要能够内化为共享意识。在共享意识的驱动下，大学生不文明的共享行为会受到制约。处于这一阶段的大学生，内心的共享意识已经非常坚定了。当面对利益冲突，需要做出选择时，大学生首先会考虑自己之后再做出恰当的选择。但这一阶段的共享意识，仍然不能摆脱外部客观的道德规范约束，依然是道德体制内部的自我消化系统。也就是说，在共享意识内部，在特定的时间、地点和条件下，大学生还能够遵守共享规则，但当这些客观条件不存在时，他们还能不能做出正确的价值判断和价值选择，依旧是未知数。这就要求大学生不仅自己要树立共享意识，还要形成群体的价值导向，形成集体的价值导向。

3. 自觉形成共享价值观

面对各种价值观的冲击，主流价值观的影响力在部分大学生群体中逐渐减弱。在经过体验共享情感和建立共享意识的阶段后，如果没有主流价值观的渗透，大学生势必会在纷繁复杂的现实面前迷失正确的方向。所以，要争取发挥主流价值观的影响力，具体来讲就是弘扬社会主义核心价值观。社会主义核心价值观对大学生的共享价值观的形成具有基础性的引导作用，也是新时代中国精神的核心。从个人层面上来说，"爱国"是基于个人对自己祖国依赖关系的深厚情感，也是调节个人与祖国关系的行为准则。它同社会主义紧密结合在一起，要求大学生们以振兴中华为己任，促进民族团结、维护祖国统一、自觉报效祖国。"诚信"即诚实守信，是人类社会千百年传承下来的道德传统，也是社会主义道德建设的重点内容，它要求大学生的共享价值观要符合诚实劳动、信守承诺、诚恳待人的准则。"友善"使大学生在共享经济中能够做到互相尊重、互相帮助，形成新型的社会主义共享关系。

2. 共享经济需要大学生自觉遵守公共秩序

共享经济的发展离不开公共秩序，有序的共享行为可以让共享经济健康地发展，无序的共享行为会阻碍共享经济的发展。因此，共享经济要求大学生要自觉地维护共享秩序、遵守共享规则和传播共享秩序理念。

（1）自觉维持共享秩序

公共秩序在广义上是指对社会成员的行为进行规范的一种有秩序的状态。狭义的公共秩序是指规范公众行为的制度，它以社会成员之间的和谐为前提，能够对社会冲突的减少、社会矛盾的化解起积极作用。在公共领域，社会秩序的作用尤为突出。事实上，共享经济的领域也属于公共领域，共享经济以平台经济为依托，以网络经济为媒介，通过市场向公众提供公共产品。在共享经济快速发展的进程中，不免会出现各种公共产品乱放、占为己有的现象。在共享经济的运营中出现的社会问题，需要社会、学校和家庭的通力合作才能得到解决。大学生作为新时代的青年主体，他们在共享领域的行为和态度，始终受到社会的高度关注。社会给予大学生的期望，要求他们更加自觉地遵守公共秩序。他们是否具有正确的公共秩序观，在一定程度上也会引起社会的反响。曾经的高校"花式"占座现象，引起了全社会的关注。在偌大的自修室中，桌面上有序地堆放着各类复习书籍、地面上紧贴桌椅摆放着各个纸箱，唯独不见认真学习的身影。这便是高校普遍存在的占座现象，折射出的不仅仅是高校资源与管理的不足和缺位，更是学生之间精致利己主义之风的盛行。绝大多数的高校，在其自修室或图书馆管理规定中，都明确指出不允许利用任何物品占用座位、私人物品仅供当日存放，占座行为显然不受制度保护。高校自修室座位资源属于公共资源，"产权"不为任何一名学生所有，在校学生都能自由地利用这些资源，而不被少数学生以各种形式排他地私人占有。漠视规定、以服务自身利益为前提的唯利是图、自私自利是大学生精致利己主义者的显著表现。因此，要对大学生从不同的方面和角度进行教育和引导，使他们改变不符合新时代要求的秩序观，这对我国新时代精神文明建设具有重要的意义。

（2）自觉遵守共享规则

社会行为规则可以是一个很大的概念，也可以是一个具体的行为习惯。具体来说，就是人们要很好地遵守社会生存的规则、方法。规则既有文书统一意见的方式，也有不成文的大多数人默认的东西。大学生在自觉维护公共秩序时需要做到自觉遵守公共规则。共享经济领域的公共秩序首先表现为规则，这种共享规则的遵守需要大学生的自觉。共享规则不同于一般的社会规则，但又与社会规则具有共同点，它同社会规则共同构成了社会公共生活的秩序。

大学生普遍存在公共秩序意识不强的问题，具体表现为不遵守社会共享规则。比如，在图书馆排座位的时候经常能看见插队的大学生，有的大学生甚至因为一个座位而大打出手。图书馆座位作为大学生共享的公共资源，应该被有序利用，如果资源不能被有序利用，那么就会造成资源的浪费。此外，大学生在共享领域存在法律意识不高的现象，容易用简单粗暴的方式解决问题。新时代的共享经济要求大学生加强法律意识，同时在公共领域正确处理公共利益和个人利益的关系。公共规则是共享经济得以正常运行的保障，共享经济的目标之一就是培养大学生热爱公共秩序，遵守公共规则，养成在共享规则的体系框架内解决冲突和矛盾的行为习惯。

（3）自觉传播共享理念

共享理念是指资源的重组与整合，按照共享资源的服务范围以及空间联系，形成一种脉络分明的有机整体，使资源的配置达到或接近帕累托最优状态，达到资源分级共享的目标。从共享理念中可以看出，资源的共享是在社会开放的前提下产生的。对共享的理解可以从以下两个层面进行分析。首先，高校公共资源在内部层面上的开放与共享。高校作为一种特殊的城市空间组织形式，在形式和功能上不同于一般的城市功能区。因此，将资源和功能相似的高校集聚到一起，通过重新配置形成一个有机整体，可以促进资源的集约化利用。其次，高校公共资源在城市层面上的开放与共享，即高校公共资源对周边地区及整个城市的开放与共享。在市场经济体制以及市民社会中，其功能和运营模式决定着高校的公共资源必须向社会开放，这是一种更高层次的开放与共享。

"媒体为传播和理解大众文化提供了一个渠道，也因此体现了大众文化有其固有的逻辑，参与了大众文化的转变过程。"[①] 面对各种各样的网络价值观的传入，其中不乏优秀的和落后的观念相互混杂，使大学生的思想观念受到冲击。共享理念就是最新出现的网络价值观之一，正确的共享理念对大学生的精神文明建设具有推动作用，错误的共享理念则会使大学生的精神受到摧残。正确的舆论导向要体现社会的主流价值观，同时正确的共享秩序理念需要大学生去自觉地传播，利用这个独特群体的优势，在参与网络社会讨论的时候传播给不同的社会群体。随着网络经济的发展，各种手机客户端应运而生，这在很大程度上扩大了大学生的话语权和知情权，大学生要善于利用这些权利，揭露社会上不良的共享行为，这样大学生群体才能成为传播社会正能量的主体。

（二）共享经济背景下大学生公共道德现状

为了分析大学生在共享经济背景下的公共道德现状，进而提出有价值的公共道德培育途径，笔者采用了问卷调查法，采取抽样调查的方式，对西北工业大学、陕西师范大学、长安大学和西安理工大学的部分学生进行问卷调查。共发放问卷 400 份，回收有效问卷 390 份，问卷有效率为 97.5%。

---

① [美] 希勒·J. 非理性繁荣[M]. 廖理，译. 北京：中国人民大学出版社，2014：148.

1.大学生参与共享经济情况调查

作为新时代的大学生,绝大部分人有较高的社会公德意识,了解基本的公共道德规范。大部分的大学生对不文明的共享行为都持有不赞同的态度,都具有正确的世界观和价值观。他们一方面认为共享产品方便了人们的生活,另一方面能发现人们的不文明行为。他们对人们出现不文明行为的原因,都有自己的理解。他们期望社会加强对不文明行为的监督,希望可以避免这样的行为发生。从总体上看,大学生普遍对公共道德具有一定的理解,主流意识很强。

(1)大学生成为共享经济的参与主体

为了发现大学生公共道德存在的问题,问卷在开头设置了一些关于大学生对共享经济认知的基本问题,当问及"共享经济是指所有者将自己的闲置资源拿出来,提供给那些有需要的人有偿使用,您认为它的侧重点在哪里(多选)"时,75.9的大学生选择"闲置物品的有效利用";66.15%的大学生选择"与人分享,结交新朋友降低生活出行等开支";58.72%的大学生选择"赚取一定的报酬,增加所有者的收入";28.97%的大学生选择了"其他"。这说明大学生对共享经济的内涵是有基本认知的,他们中的大部分人了解共享经济的侧重点在哪。当问及"您对于共享物品的使用情况如何"时,选择"经常使用"的大学生占31.79%;选择"偶尔使用"的大学生占68.21%;选择"从未使用"的大学生无。大部分的大学生都会使用共享物品,他们对共享物品的使用大部分都是接受的。当回答"下列App您使用过哪些(多选)"时,选择"哈罗、摩拜等单车软件"的占57.69%;选择"闲鱼"的占56.15%;选择"知乎/猪八戒网"的占32.82%;选择"WiFi万能钥匙"的占33.59%;选择"携程网"的占31.79%;选择"滴滴打车"的占60.51%;选择"小猪短租/蚂蚁短租"的占34.36%。具体情况如图3-1所示,大部分的大学生都曾经使用过共享App。当问及"您曾经将自己的哪些闲置资源通过共享平台处理过(多选)"时,选择"书籍"的占52.05%;选择"服饰"的占52.31%;选择"闲置娱乐用品"的占48.97%;选择"电子产品"的占51.79%;选择"其他"的占46.92%。以上数据说明,大学生对共享经济基本上是接受的。大学生作为青年群体对共享经济产生了一定的新鲜感,他们愿意接触新鲜的事物,掌握使用方法的速度也很快。虽然大学生已经成了共享经济的享用主体，但是大学生对共享经济的认知还只是流于表面，因此，问卷后面也设置了更深层次的问题，这些现实性的问题对共享经济情景下的大学生公共道德培育至关重要。

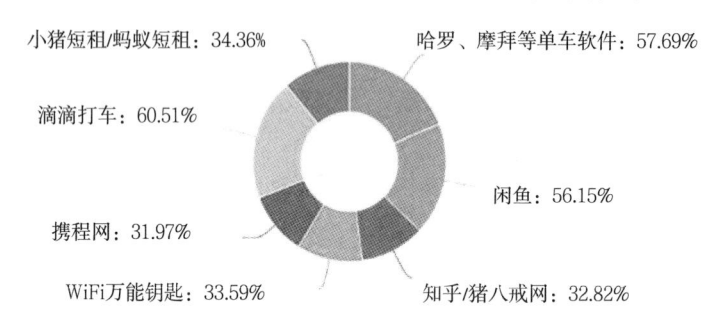

小猪短租/蚂蚁短租：34.36%
哈罗、摩拜等单车软件：57.69%
滴滴打车：60.51%
闲鱼：56.15%
携程网：31.97%
WiFi万能钥匙：33.59%
知乎/猪八戒网：32.82%

图3-1 大学生对"下列App您使用过哪些（多选）"回答情况统计

（2）大学生成为公共道德的建构主体

"共享经济曾经被称为P2P平台，是用来把一些人和那些想要创办自己企业的人联系起来的工具，买卖东西、共享商品或者服务。然而事实证明，共享经济所吸引的许多人并不认为自己是经商人士，他们在共享经济平台上散布各种哲学言论，而且吸引了许多追随者，其中不乏年轻人，而这些年轻人早已被愚蠢的政治家和贪得无厌的企业家搞得没有信心，机会在不断减少且不公平日益增长，这些年轻人感觉自己离'主流体系'越来越远。"[①] 在共享经济席卷而来的浪潮中，大部分的大学生都能保持积极向上的心态。基本能够做到尊老爱幼、遵纪守法、遵守社会秩序、乐于助人。对社会中的不道德现象都能表明态度。在问卷中，当问及"对有些刚毕业的大学生将自己的毕业论文通过共享平台高价出售以赚取报酬的做法，您赞同吗"时，选择"赞同"的大学生占34.62%；选择"不赞同"的大学生占47.44%；选择"无所谓"的大学生占17.94%。具体情况如图3-2所示。从对这一问题的回答情况中，我们不难发现，认为"不赞同"的大学生占比稍微多一点儿，但是表示"赞同"和"无所谓"的大学生占比高达52.51%。这说明了还有相当一部分的大学生不懂得如何判断道德行为的好坏，面对不涉及自身利益的事情，大学生普遍不是很关心。大学生对社会公德的概念还不是很了解，

---

① [美]史蒂文·希尔. 经济奇点：共享经济、创造性破坏与未来社会[M]. 苏京春，译. 北京：中信出版社，2017：219.

他们对社会公德的关注度还很低。只有利用多种手段加强对大学生的宣传教育，才能使他们更关注社会，更好地融入社会。

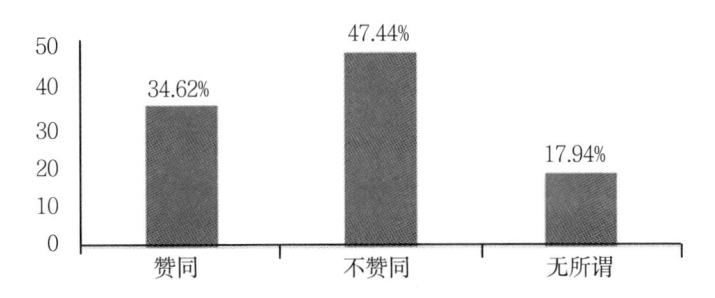

图3-2 大学生对"对于有些刚毕业的大学生将自己的毕业论文通过共享平台高价出售以赚取报酬的做法，您赞同吗"回答情况统计

（3）大学生总体上具有基本的公共道德素养

根据问卷调查的数据可知，大多数大学生能够在共享生活的领域遵守道德规范，能够将共享意识转化为共享道德行为。

首先，大学生对共享经济的优势有一个清晰的认识。比如，当问及"相对于传统商业模式，您认为共享经济有哪些优势（多选）"时，57.18%的大学生选择了"降低商业成本"；47.44%的大学生选择了"提高消费者的话语权"；44.36%的大学生选择了"打破行业垄断，形成良性竞争"；54.62%的大学生选择了"造就灵活的市场机制，增加就业"；59.74%的大学生选择了"提高社会闲置资源利用率，促进经济可持续发展"；0%的大学生选择了"没有优势"；34.1%的大学生选择了"其他"。其次，大学生在共享领域能够遵守基本的道德规范，面对共享领域中不符合公共道德的行为时，能够迅速地做出判断。比如，当问及"当您看见共享经济中的不文明行为，您会怎么做？"时，选择"上前阻止"的大学生占19.74%；选择"好言相劝"的大学生占29.23%；选择"不理会"的大学生占32.31%；选择"和我无关"的大学生占18.72%。以上说明了大学生的道德认知已经处于相对成熟的阶段，对一些社会上的道德行为有了自己的判断。能够将积极的、向上的道德意识付诸实践，总体上具有了基本的公共道德素养。

大学生的共享道德感情也是公共道德培育的影响因素，大学生的情感世界很丰富，容易被生活中的小事所感染。大部分大学生的道德情感体现了社会主流价值观,这就说明大学生在进行活动的时候很容易带着感情色彩,正面积极的感情会促进他们采取正确的道德行为。比如,当问及"您认为破坏共享产品的行为会造成什么不良影响(多选)"时,58.97%的大学生选择了"败坏社会风气";76.67%的大学生选择了"影响使用,阻碍共享经济发展";62.31%的大学生选择了"使破坏者队伍壮大"。具体情况如图3-3所示。

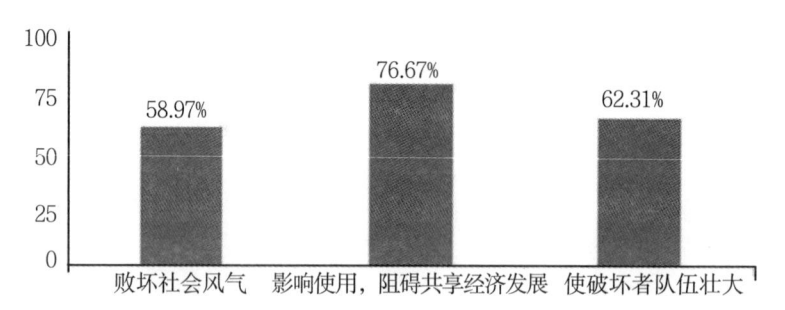

图3-3 大学生对"相对于传统商业模式,您认为共享经济有哪些优势(多选)"回答情况统计

2.大学生参与共享经济中的公共道德失范表现

从本次问卷调查的情况看,大学生已经成了共享经济的享用主体,这也就意味着大学生成了共享经济领域公共道德培育的主力军。虽然大学生的公共道德水平还有待提高,但他们总体上具备基本的公共道德素养。他们对于共享领域的道德认知还处于初级阶段,对共享产品的服务理念还不是十分了解。他们对不同的道德行为认知的情感还是很模糊,有时不能够明确地分辨是非。这种道德认知和道德情感具体表现在共享服务中、共享就业中和共享理念的传播过程中。

(1)公共道德失范表现在平台服务中

共享经济的出现,在方便大学生的同时,也衍生出一系列的社会问题,如果不能引起重视,妥善处理,将会激发社会矛盾,不利于社会的和谐稳定。共享物品作为一种公用物品,在其使用的过程中,大学生势必没有像对待私人物品那样精心,以至于出现恶意破坏物品,甚至占为己有的现象。比如,当问及"您在使用共享物品的过程中,出现过对其损害的情况吗",表示"从来不"的大学生占60%;表示"偶尔"的大学生占31.03%;表示"经常"的大学生占8.97%。当问及"您在使用完共享物品后，会将其放置在规定的地点吗"，选择"会"的大学生占80.77%；选择"不会"的大学生占19.23%。这就表明共享经济领域中的不文明行为已经非常普遍了，可见监管的重要性。当问及"您在使用网约车软件时，会按照约定时间到达司机接送的地点吗"，选择"会"的大学生占71.79%；选择"不一定，看情况"的大学生占18.46%；选择"不会"的大学生占9.75%，具体情况如图3-4所示。这表明大学生在体验共享服务时，还是会发生不文明行为，只是发生的频率不同。共享经济是一种线上支付、线下使用的商业模式。在大学生使用的过程中，如果没有必要的监管，很容易加剧大学生使用共享物品的随意性和主观性，这样就会减少共享物品的使用寿命，使得资源的有效利用率降低。由于共享经济的方便快捷，深得大学生们的喜爱。但由于监督体系的不完善和大学生本身的公德意识不强，出现了各种社会问题，这些问题的解决需要全社会的共同努力。

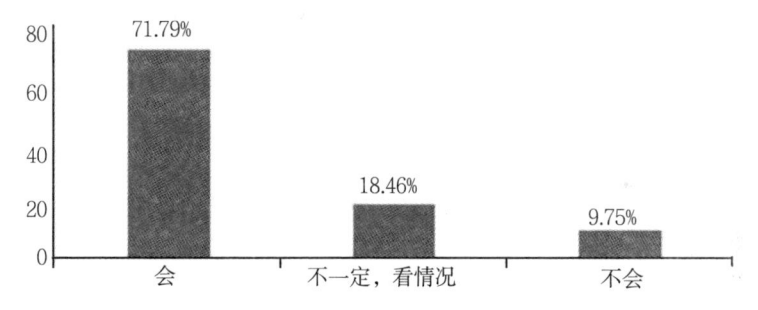

图3-4 大学生对"您在使用网约车软件时，会按照约定时间到达司机接送的地点吗"回答情况统计

（2）公共道德失范表现在平台就业中

21世纪是以信息经济、网络经济、数字化经济为特征的知识经济时代。在现代科学技术飞速发展的今天，知识作为最重要的资源，已越来越成为满足市场需求的重要手段。正是这种以人力资本为基本要素，以人的智慧为主要增长来源的经济结构、增长方式和社会形态，给大学生就业提供了前所未有的机遇和得天独厚的条件。在共享经济领域，大学生的就业人数也在增加，更多的大学生选择自由职业，他们就业的灵活性更高。但目前共享平台的发展还不是很完善，监管体系并不完备，因此，大学生在

共享平台上就业时容易受到利益的诱惑，对某些没有涉足的领域充满好奇，从而违反共享平台就业规定。比如，在问及"您在共享经济平台上就业的过程中，是否会遵守平台就业规定"时，回答"经常遵守"的大学生占68.21%；回答"偶尔遵守"的大学生占27.18%；回答"不遵守"的大学生占4.61%。具体情况如图3-5所示，有的大学生在高额报酬的诱惑面前选择了妥协，如他们把在共享平台上替别人代写论文当成一种职业，殊不知这样的行为已被划为学术不端行为，一旦被学校发现，不但毕不了业，也会给自己抹黑，名誉受损；有些大学生专职替共享平台上的商家刷好评，这样做不仅欺骗了消费者，也破坏了交易双方的信任度，不利于共享经济的发展；有的大学生专职在共享平台上做"微商"，他们利用自己强大的朋友圈，将没经过检验的商品出售给自己的亲戚朋友，这样做不仅损害了别人的利益，也会使自己的信誉度降低。

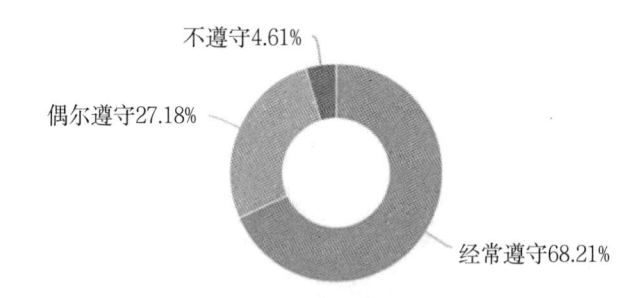

图3-5 大学生对"您在共享经济平台上就业的过程中，是否会遵守平台就业规定"
回答情况统计

（3）公共道德失范表现在平台传播中

"创造可持续增长的变革之一，便是'网络效应'。"[1] 网络作为共享经济运营的平台，能够将虚拟与现实相连接，但也存在网络风险，具体体现在网络的传播过程中。首先，大学生关于网络传播的法律意识不强。一些大学生对他人散播的不实谣言信以为真，并成了别人传播谣言的工具，从而产生强大的负面舆论影响。比如，在问及"您曾经在校园贴吧上发表过关于共享经济的不实言论吗"时，回答"偶尔"的大学生占46.92%；回答"经

---

[1] [美]拉斯·特维德. 逃不开的经济周期[M]. 董裕平, 译. 北京：中信出版社, 2008：155.

常"的大学生占36.67%；回答"从不"的占16.41%。通过对这个问题的分析，可以看出大部分的大学生都在网络上传播过不实的消息，因此，对大学生进行适时的网络教育刻不容缓。

其次，大学生在共享网络平台上的活动，容易受到自己情绪的影响。当问及"当您使用滴滴打车、美团外卖等软件时，是否曾经因为个人情绪不佳而在网上给过差评"时，选择"偶尔"的大学生占15.64%；选择"经常"的大学生占7.69%；选择"从未"的大学生占76.67%。具体情况如图3-6所示。这就说明，大学生还不善于控制自己的情绪，容易感情用事，这种做法对共享经济中的交易双方都会造成不良影响，甚至阻碍共享经济的发展。

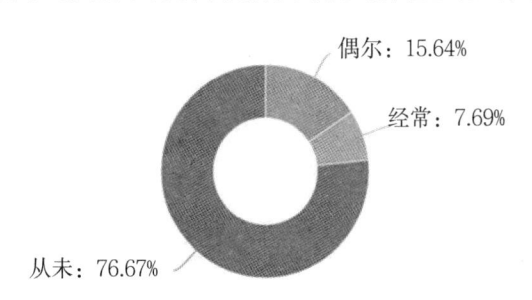

图3-6 大学生对"您曾经在校园贴吧上发表过关于共享经济的不实言论吗"回答情况统计

3.大学生在参与共享经济中公共道德失范的原因

大学生公共道德失范现象出现的原因是多样的，既有内部原因，也有外部原因。就内部来看，大学生平时对自己要求不严，没有养成良好的行为习惯。就外部来看，共享经济作为一种新型的经济，它的发展还不是很完善，还缺乏必要的监管。共享经济的独特性也是影响大学生公共道德的重要因素。

（1）共享空间的自由对大学生公共道德的影响

在共享生活中，大学生的共享行为与共享空间之间存在着密切的关系，所以经常会出现一些不道德的事，比如，破坏共享物品、将共享物品占为己有等现象。在自由的共享空间里，大学生的行为如果不受到监督，可能就会出现失范的现象。在具有一定功能的共享空间中，每个人的行为是不同的，尽管每个人的行为各有其特点，但总是能感受到一定的共同点和规律，这就是共享空间的秩序。一旦共享空间的规律性遭到破坏，公共秩序就会变得混乱，对社会造成不良的影响。

"技术进步在现代经济增长中起着越来越重要的作用"①，技术的进步使得共享空间具有流动性和自由性的特点，而大学生的共享行为与共享空间又具有相关性，所以大学生的共享行为会随着空间的流动而产生变化。当在相同的共享空间区域内，一个大学生的行为出现异常，通常会带动另一个学生也出现异常，这跟犯罪心理学上的"破窗效应"有着异曲同工之处。"破窗效应"认为环境中的不良现象如果被放任存在，会诱使人们效仿，甚至变本加厉。共享空间的自由是一种新形态的自由，是大学生思想和能力的一种具体表现。它给予大学生更多表达自己意愿和需求的机会，使社会公共秩序变得更加开放与包容。由于共享空间的自由性和流动性强，是一种思想上和行动上的自由，因此受到社会的约束较少，同时还具有一定的潜在性，所以容易导致社会秩序的不平衡。共享空间的自由和共享公共秩序是相互支持的，共享空间的自由给公共秩序的维护提供了前提，公共秩序的保持使共享空间的自由得到了保障，因此，大学生享受到的共享自由不应超过一定的范围，把握好自由的尺度，共享社会的秩序才能够得到保护。

（2）共享利益的驱动对大学生公共道德的影响

共享利益是一个抽象的概念，有学者认为，它的实质就是承认和尊重各个利益主体的利益享有权的基础上，社会共同利益公平地惠及各个利益主体，从而推动社会公正目标的实现。另有一些学者认为，共享利益是指要使所有改革发展的主体或社会成员都能享受社会改革和发展带来的包括经济、政治、思想、文化等多个方面的成果。共享利益的主体，一个是对社会的共同利益做出贡献的群体，另一个是这个共享的主体占社会的绝大多数。大学生作为共享利益的主体，他们的公共道德培育对于共享利益的实现具有很大的影响。

共享利益的客体是指参与共享经济的物质资料和精神产品。如共享单车是政府和企业为了方便人们的出行，减少汽车尾气而提供的公共服务产

---

① 郭树华，梁任敏，徐薇. 中级宏观经济学[M]. 北京：北京大学出版社，2017：76.

品。共享单车确实方便了大学生走出校门，缓解了城市的交通压力。这种出行方式减少了碳的排放量，符合大学生绿色、低碳出行的理念。但是有的共享物品需要支付押金，目前网络支付系统还不是很完善，对大学生来说存在押金不能及时退的风险，这就不利于公共利益的维护。生活中可以见到的共享物品乱象很多，这些乱象具有一定的普遍性。由于大学生的思想还不是很成熟，当个人利益与共享利益发生冲突的时候，往往容易忽视共享利益，这就不利于大学生公共道德的养成。有的大学生为了满足自己的个人利益以牺牲共享利益为代价，因此，共享利益对大学生来说存在着道德风险。

（3）共享规则的潜在性对大学生公共道德的影响

在共享经济生活中的大学生必须建立起某种共享规则，才能保证在共享经济生活中形成彼此依存、相互联系的社会关系。共享规则中既包括有形的社会制度，也包括无形的道德伦理和社会价值认同感。通过共享规则，可以减少大学生们之间的利益冲突和对抗，可以限制大学生的利益无限膨胀，从而实现大学生与社会的和谐共存。

共享规则的潜在性也叫潜规则，是指共享经济的提供方和享用方之间基于共同的利益，达成的非书面约定。这种潜规则隐藏于共享经济的线上和线下客户端之间，平时很难被公众发现，但它的影响力是巨大的，对大学生造成的负面影响可想而知。比如，在大学生使用"滴滴打车"这一软件时，会出现这样一种情况：在结束使用时，网约车司机一般会优惠几元钱来换取一个好评，通常大学生会因为优惠去给好评。这种情况就是一种约定俗成的潜规则，由于大学生还没有走出校园，社会阅历较少，公共意识还处于初级阶段，因此，容易被社会上的人利用，通过给予小恩小惠来换取大学生的好感。这样做表面上看是"合作共赢"，但实际上会给消费者造成误导，使用共享平台软件的消费者会根据好评率做出选择，但消费者并不知道网约车司机的人品如何以及网约车的安全系数如何，如果安全系数不高的车辆被隐藏起来，一旦发生意外，后果不堪设想。

共享规则是维系大学生参与共享生活的一系列准则，对大学生具有普遍的约束力，需要大学生的共同维护。摒弃不良的共享潜规则需要依托法律和道德两个层面，既需要依托外部环境，又需要大学生提高自我分辨能力，

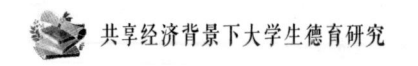

二者缺一不可。

二、共享经济背景下大学生德育现状

大学生德育是一个复杂的系统工程，因篇幅所限，本书不做长篇累牍的赘述，仅以共享单车为例，探讨共享经济背景下大学生社会公德教育存在的问题及原因。

（一）共享经济背景下大学生德育存在的问题

1. 政府监督管理有待完善

（1）制度建设问题

共享单车的发展速度尤为惊人。根据现有制度体系可以清晰看出，在共享单车发展方面，地方政府对其进行规范的制度并不多，呈现了一种自由野蛮的发展状态，共享单车管理问题较为严重。举个例子，在共享单车普及的同时，其在城市中的投放量逐年提高，这直接增加了城市管理难度，特别是乱停乱放等问题，对城市的交通产生了不利影响，严重破坏了城市的形象。但是，这些问题出现之后城市居民应该反映给哪个单位呢？这些单位又应该通过什么方式来对其进行有效解决呢？这些单位又通过怎样的途径来对共享单车使用者的使用行为进行有效约束呢？上述问题有待于深入探究与全面解决。

（2）诚信体系建设问题

现阶段，用户在使用共享单车的过程中，信用体系对其进行了有效约束，如果共享单车使用者破坏交通规则，那么，其信用值就会显著降低，假如信用值一直减少直至为0，这些用户将无权继续进行共享单车的使用。但是，总的来说，信用约束问题也有很多，现阶段，经体系建设水平并不高，信用约束仅仅局限于某些过分行为，无法针对所有的行为进行有效约束，所以，诚信体系的建设越来越成为共享单车长期健康发展的必然要求。

（3）政府职能问题

共享单车投入运营之前必须经由政府许可，但是共享单车准入的标准是哪些呢？地方政府会对企业的哪些方面进行评估呢？共享单车停放问题较为严重，政府会通过什么方式来向其收缴一定的土地占用费呢？上述问题有待于深入研究。

2.高校培育引导有待加强

校园文化,意为一种基于国家整体发展目标创建的一种具有独特性且对制度文化与物质文化等的总的概括。所谓物质文化,主要包括了校园内的运动器材等。所谓制度文化,包括了校园内的各种道德规范。所谓精神文化,主要包括了校园长期建设过程中的教学氛围等。当下,人们越来越重视大学生社会公德责任的培养,这在很多工作中尤为显著,但是另一方面,人们的主观能动性被严重约束,部分大学生已然成为各种文化的顺从者,逆反心理较为严重。

3.家庭教育合力有待重视

在社会公共责任意识培养方面,家庭教育的意义重大,家庭教育对孩子的成长具有启蒙的意义。然而,当下,全国范围内的家庭教育意识不足,此问题有待于进一步解决。

在应试教育的背景下,智力教育受到了人们的追捧,部分大学生的父母对自己的孩子过分管制,直接限制了大学生的社会实践能力的增强,过分强调学习知识的过程,严重忽视孩子的综合素质培养,并没有将精力放在大学生的社会公德责任意识方面,严重地轻视德育,造成大学生虽然学习成绩非常优秀,但是在社会公德方面却空白。此外,父母过分宠爱自己的孩子,有的大学生甚至在家里从未参与过劳动过程,过分依赖自己的父母,好吃懒做,没有形成良好的思想观念,没有对父母满怀感恩之心。部分家长在孩子的物质方面有求必应,存在过分纵容的现象,因此,部分大学生攀比心理较为严重,尤其是一些大学生过分强调拜金主义,在生活上不能做到吃苦耐劳,严重缺乏社会公德意识。这正是因为家庭教育的长期缺失所导致的,无法对其灌输社会公德意识,严重影响了大学生的健康成长。

4.大学生自身素质有待提高

(1)社会认知能力不足

大学生应该坚持贯彻社会公德责任意识,在日常行为中始终遵循社会公德,但是目前来看,部分大学生在社会公德责任意识方面的理解程度较浅,社会公德责任意识较差,社会认知能力严重不足。大学生的全面发展是共享发展理念下开展大学生社会公德教育的现实出发点和终极归宿。在共享发展的理念下，大学生将摆脱过去由于生产力落后带来的时间和空间的束缚，这能够促进社会文化的发展繁荣，催生新的思想方式和行为方式。但是实际上，就网络上的一些事件而言，众多大学生表达了怜悯之情，但是也有一部分大学生默默无语，社会工作责任意识严重不足，甚至有些大学生个人的社会公德责任意识非常强，其实不过流于表面，并未付诸实践，原因在于严重不足的社会认知能力。在大学生成长的过程中，社会实践过程尤为重要，但是纵观高校内部的大学生群体，因为积极参与社会实践的机会较少，无论在社会教育方面，抑或在家庭教育方面，大学生的社会公德责任意识都无法显著增强。换句话说，大学生的社会工作责任意识理解能力较差，没有在社会实践中履行自己的社会义务，在社会工作责任方面的判断能力非常差，一旦网络上出现不良现象，很多大学生只是无可奈何，认为自己没有能力改变这种现象，也没有一定的责任对其进行评判。

（2）自我意识发展不成熟

自我意识意为一种具有特殊性的个体认识，是对个体的自我观察与自我评价等总的概括。所以，在日常生活中，所有的个体都应该对个人行为进行审视，同时全面评估个人的理性行为，在此基础上，对个人的社会责任承担情况进行有效明确，并将其付诸实践。

首先，部分大学生更加追求自由、个人利益，试图摆脱外界约束并独立存在，在自我意识方面的理解能力较差，并没有对自己的父母满怀感恩之心，更不会报效祖国，在社会集体责任方面没有形成深刻的认识。其次，不良现象的不断出现，使部分大学生出现认知偏差，即使希望通过自己的力量来帮助其他的人，但是在各种恶俗文化等的限制下，无法进行社会责任的有效承担。也正是因为如此，部分大学生自我发展意识严重不足，在社会责任方面的认识不够深刻，过分强调自我意识，不顾及他人的需求与利益，长此以往，无法承担社会责任，社会公德责任意识也会显著减弱。

（二）共享经济背景下大学生德育存在问题的原因——以共享单车为例

1. 政府管理与大学生认知的不一致

共享单车作为一个新兴事物，政府由于管理经验不足，必须在实践的基础上才能够丰富共享单车的发展经验，也必须在不断摸索的过程中解决各种问题。在共享单车问题处理方面，政府必须提出一系列的有效措施，对共享单车乱停放的问题进行合理规划，同时积极发挥政府的引导作用，鼓励人们遵守相关的使用规则，提升城市形象，创造一个更加优质的共享单车使用环境，为人们带来更为优质的共享单车服务。

2. 社会公德与大学生教育的不契合

共享单车在使用过程中存在的乱停乱放、私自占有等现象，反映了社会公德意识不强、道德规范约束力不够的问题。分析其中的原因，是由于"德与得"的传统机制延续到当今社会，从而破坏了社会公德与个体生存之间的统一关系。在传统社会中，道德发挥其约束作用是基于固定的空间和人群的，这两种固定的因素导致如果社会个体违背了某种道德约束，那么它就会面临着无法生存的风险。而陌生人之间没有存在自然关系，所以社会公德在其中就失去了约束能力。社会公德存在于公共生活领域的各个方面。由于大学生能够自由进出，所以导致大学生缺乏这种自然的制约关系，以至于大学生无法受到约束而随心所欲地执行社会道德，这样难免会出现选择性偏差。如果社会公德能够拥有固定的道德规范并导向大学生群体之中，那么就可以极大地增加其行为约束能力。

3. 高校德育内容针对性不够强

高校德育内容的针对性不强，首先表现在高校在对大学生进行社会公德培育过程中，所秉持的理念不够清楚；对新时代大学生社会公德的具体内容认知得不够深入；在培育过程中、执行方式上过于形式化。其次，在大学生社会公德培育过程中，形式上高度重视，执行上形而上学，造成培育工作的效果不尽如人意。尽管目前高校也都在积极开展大学生社会公德培育工作，每年都会有常规性的学生活动如期开展，比如暑期社会实践活动、大学生志愿服务活动、"地球一小时"环境保护活动等，由于缺乏内容的针对性和理论的深入性，使得这些活动流于形式，培育效果大打折扣。同时，部分高校在开展相关培育活动的过程中，不注意参与主体的主观情况和现实实际，培育工作没有形成理论与实践的有效融合，使大学生在参与过程中不仅没有对社会主义核心价值观、社会公德的认知有所增强，反而可能会对形式化的组织不满意，从源头上弱化了新时代大学生社会公德培育的实效性。

4. 家庭教育与大学生成长的不同步

在中国传统的家庭教育中，有许多优良的家风、家教值得弘扬和传承，它们对大学生有着良好的教育和引导作用。但是，毋庸讳言，新时代的中国家庭教育在影响与教育大学生社会公德养成方面存在一些明显的问题和不足。

（1）家庭教育目的的偏差

家长在教育孩子时，往往将上大学的主要目的归结为立志仕途、光宗耀祖、名利兼收等。进入新时代，社会竞争压力日渐增大，在此背景下，部分家庭教育将竞争意识、自我意识、排他意识作为对大学生教育的首要内容，以至于大学生上大学的目标单一而实用，以自我为中心的意识显著增强，而忽视了"大国小家"的爱国主义情怀教育、"大集体小自己"的集体主义教育、"送人玫瑰，手有余香"的和谐友爱教育。

（2）家庭精神教育的失衡

新时代，家庭经济收入明显提高，以至于在部分家庭中对大学生的物质投入较多，但是对大学生的精神教育相对减少。部分家长认为，面对大学生的物质要求，基本照单全收。不仅尽量满足其物质保障，还实现了大学生学习"科技化"、装备"时代化"，但很少与孩子进行精神沟通或道德教育。与此同时，部分家长认为，父母管吃穿，老师管教育，这就造成了对大学生进行社会公德培育时出现了"真空地带"。同时，部分家长由于忙于生计，无暇照顾自己的孩子，这也造成了新时代大学生的社会公德培育在家庭教育中出现断层的现象。

（3）家庭教育环境的弱化

一方面，家庭是学生受教育的第一"场域"，甚至从某种程度上来说是最具影响力的一个教育基地。但是很多家庭的父母、亲戚朋友整体道德素质不高，从小受父母等家庭成员的影响，很多学生也染上了一些恶习和陋习。通过问卷调查可以看出，当问及"您所在的家庭教育环境如何"时，多数同学的回答是"一般"。一些大学生由于父母离异等家庭问题，过早地接触社会，在没有形成一定的人生观和价值观的情况下，他们的很多言行在很大程度上会受到社会的负面影响。另一方面，父母和亲戚朋友忙于获取经济利益，忽视了对子女的思想道德教育，甚至他们自身在追求物质经济利益的同时也丧失了一些最基本的公德意识和道德标准，造成了大学生在言行中出现公德意识淡薄的现象。

5. 大学生自身的原因

（1）大学生特殊的身心特征影响了新时代大学生社会公德培育

新时代大学生是"00"后，他们的青春个性充盈着身心的方方面面，其逆反心理表现得较为明显。随着年龄的增长，大学生的思想比较独立，他们在不同程度上有一种逆反心理，因此很多学生就想找到突破口，标新立异，甚至反其道而为之，部分大学生就会忽视自身的道德认识和道德规范的形成。具体来说，大学时代是"00"后中的大部分人从"逆反"走向成熟的关键时期，同时，也是他们从学校到社会无缝衔接的特殊时期。在这一时期，他们中的大部分人个性独立，自我认知意识比较强烈，他们往往将自己的个人认知看作是事物的全部或真实的一方面，将自我评判标准看成是学习、生活、社交中的唯一评判标准，这就会导致他们将社会公德的内容、意义、践行标准"涂上"鲜明的个人色彩。而他们对相关社会行为规范的认知仅仅基于个人的看法，不仅会影响他们践行社会公德的主动性，也会使得他们缺乏一定的社会责任而不去践行社会公德的要求。同时，通过问卷及访谈可知，大学生道德素养对大学生社会公德培育影响较大，多数同学认为大学生个人的道德素养也是决定大学生社会公德培育的重要因素。当今的大学生，大部分是独生子女，成长环境使得他们形成了只会索取、不会付出的典型心态，使得他们形成了特立独行，单打独斗的"个人主义"，使得他们形成了"私德"大于"公德"的心理特征。即便是在践行社会公德的过程中，他们也可能是凭一时兴起或者个人情感的好恶，一旦在践行和传播社会公德的过程中出现不符合他们预期的情况或者内容，他们就会立即停止并做出激烈的反应，这在一定程度上影响了他们践行社会公德的方向性。

（2）大学生缺乏的实践经验影响了新时代大学生社会公德培育

新时代大学生的学习和生活条件得到了明显提升，但是，他们对社会公德的相关要求和自身应践行的层次标准理解存在一定的不足。因为，新时代大学生社会公德的培育是一个知与行的问题，只有深入具体的道德践行中，才会深刻理解这些对于大学生的道德要求为什么是对的，对社会、国家、他人具有什么样的积极意义。大学生社会实践能力对社会公德培育的影响是非常重要的，一方面，实践锻炼的缺乏直接导致了一些大学生对践行社会公德的广度、深度认知的敏感度不够强。新时代大学生社会公德不同于一般意义上的社会公德，要求的标准与层次相对较高，需要大学生对社会公德有一个全面深入的理解。另一方面，大学生社会经验的缺乏导致了部分大学生对社会公德的理解存在着一定的偏差。大学生因为自身的年龄特征及客观形势的限制，大部分缺乏社会经验，导致他们在社会实践过程中，对看到的正面的或负面的案例不能用科学理性的观点去认知和评价，不能用迁移的思维去正确认识身边发生的点点滴滴，这也在一定程度上影响了他们践行社会公德的积极性和主动性。

第四章 以共享发展理念构建大学生德育理论体系

共享发展理念深刻揭示了我国未来一段时期发展的方向、策略和目标，具有鲜明的问题意识，体现了时代精神。大学生是国家重要的人才资源，大学生的思想道德素质与国家未来的发展息息相关，因此需要进一步提升大学生的思想道德素质，进一步改进高校德育工作。共享发展理念是新形势下加强和改进高校德育工作的指导思想，运用共享发展理念构建德育的理论体系有利于高校更加精准地把握德育的深刻内涵和实践要求。根据德育的理论基础，创新是引领发展的第一动力，进而把德育理论分为几个模块，每个模块在具体实施过程中研讨一个主题或多个主题。具体模块可分为理想信念模块、思想道德模块、安全法纪模块、身心健康模块、文化素养模块。模块的选择实施是德育教学的第一步和关键步骤。

理想信念模块包括政治理论学习、爱国主义教育实践和中国梦的教育实践。通过适应教育、目标教育、激情教育、过渡教育四个阶段，针对受教育群体的不同，分别从四个维度进行德育。

思想道德模块包括社会主义核心价值观教育实践、"四文明""四有"教育实践、自愿服务实践、社会调查实践以及职业教育实践。遵循理论教学与实践教学相结合的原则，使德育贯穿于高校人才培养的全过程，避免片面、形式化地设置教学环节。

安全法纪模块包括法律知识教育实践、国防及军事训练教育实践、安全教育实践，通过法律法规的实践，培养大学生分辨是非能力，提高自我保护意识，养成遵纪守法的良好习惯。

身心健康模块包括心理健康教育实践、体育健身活动、生命教育实践。

通过兴趣激发法、疏导渗透教育法、典型示范教育法激发大学生的共鸣，帮助学生提高身心素养。

文化素养模块包括基础文明教育实践、中华优秀传统文化教育实践、校园文化活动、美育与艺术鉴赏。以培养德、知、行、思四合一的高素质应用型人才为目标，实现社会吸引力的提升和可持续发展。

因篇幅所限，本章仅从共享经济视角出发，选择大学生社会主义核心价值观教育、诚信教育、社会公德教育和共享发展理念培育四个方面展开论述。

一、共享经济背景下大学生社会主义核心价值观教育

（一）社会主义核心价值观的内涵

社会主义核心价值观的具体内涵是对我国优秀传统文化的继承和其他国家的文明成果的借鉴，是符合中国特色社会主义道路发展要求的全民价值观的共识。"三个倡导"在内容上相互补充、相互衔接和贯通，是国家发展目标、社会价值取向和个人行为处事的统一体，为大学生主动实践意识的培养提供了指导。

1.国家层面

富强、民主、文明、和谐在社会和个人层面上支配着价值观。一个国家的繁荣昌盛、一个民族的复兴，不仅关系到中国在世界上的话语权，而且在很大程度上决定着人民奋发向上的雄心。因此，国家层面的核心价值观是最高层次的价值观，是统领社会层面和个人层面的价值观。

"主之所以为功者，富强也。故国富兵强，则诸侯服其政，邻敌畏其威。"（《管子·形势解》）富强关系到国家的稳定和繁荣，具体来说，富强是指国家经济建设的目标，经济发展是社会进步的物质基础，它包括两个目标：使人民过上小康生活和实现国家富强。"物质生活的生产方式制约着整个社会生活、政治生活和精神生活的过程。"[①]马克思主义认为，人类的终极目标是实现自由全面发展，这需要强大的经济实力和综合国力作为后盾。

---

① 中共中央马克思恩格斯列宁斯大林著作编译局编译.列宁全集（第二十六卷）[M].北京：人民出版社，2017：58.

因此，把富强作为社会主义核心价值观的重要组成部分，是制度上的一个保证，它始终提醒全党全国人民集中力量建设发展。

民主是全世界人民追求的价值理想，它既是一种价值理想，又是一种政治理想。自古以来，"民主"就受到统治者的关注。中国古代有"民为本""水能载舟亦能覆舟""民重君轻"等思想，这些思想虽然是在封建制度下君主为维护统治而提出的，但在一定程度上制约了君权，反映了人民群众的影响力。现代"民主"概念源于西方，意思是"平民治理"，直到20世纪才成为西方普遍的民主制度。与之不同的是，社会主义是以生产资料公有制为基础的，人民可以参与国家管理。我国是社会主义国家，人民民主是民主政治的核心，这实则是在政治上对人民美好生活的保障。中国特色社会主义民主在实践中创新，民主政治的进程在创新中加快。通过民主制度的完善，增强全民的民主意识，提高民主素质，更好地参与民主生活，实现社会主义民主的目标。

文明是社会进步的标志，是个人文化修养的表现。文明是我国文化建设的价值追求，包括人与人、人与社会、人与自然的关系。几千年来，中华文化积淀了许多优秀的精神品质，塑造了中华民族的灵魂。社会主义文明需要具有较高的文化素质和思想道德素质的公民，高素质的公民有利于促进国家文明的发展，同时，国家文明对社会文明也具有重要意义。

唯物辩证法认为，和谐是一种合作、互利、共发展的关系。儒家强调"礼之用，和为贵"（《论语·学而》）。共产主义社会是一种真正解决人与自然、人与人之间的矛盾，真正解决存在与本质、客体化与自我确证、自由与必然、个人与阶级之间的斗争的和谐社会，有助于解决社会矛盾和凝聚社会力量。

富强、民主、文明、和谐符合国家现代化建设"五位一体"总体布局的要求，体现了国家和人民建设强国的美好愿景，也是激励民族不断奋斗的动力。

2. 社会层面

自由、平等、公正、法治反映了我国社会的基本属性。人的全面自由发展是中国社会发展的最高价值追求，是马克思主义的核心理念。中国特色社会主义建设需要自由全面发展的人。同时，政治、经济、文化等领域也需要保证人的自我发展和自我实现的自由，这在社会生活中是相辅相成的,社会主义所提倡的平等不是绝对的平均主义。社会上没有绝对的平等,但我们可以不断缩小差距。提倡平等价值观,有利于调动人民群众的创造力和积极性。比如,法律保障公民的权利,公民有平等的竞争机会,社会保障制度调整公平。

公正就是公平和正义。公正是社会文明进步的重要标尺。一个社会制度的首要价值应该是公正,只有社会公正,每一个人才都有同样的发展机会,并且得到和付出平等的回报。因此,公正是社会稳定发展的重要保证。

法治就是依法治国,任何人都不能凌驾于法律之上。法律是社会规范的一种形式,是强制性的。一个国家的治理离不开法律的支持和保障。新时期,一个国家的管理者需要有法治的思想和意识,"坚持依法治理,加强法治保障,运用法治思维和法治方式化解社会矛盾。"[1]法治不仅可以维护国家的稳定和社会的有序发展,而且可以保障其他核心价值观的践行。

自由是社会主义的终极目标,但自由的实现需要以法治为边界,不存在脱离法治的绝对自由。社会主义制度的基础是平等,没有平等,就不可能实现公正。公正是中国特色社会主义的内在要求。只有享有同样的权利和平等的机会,我们才能发挥自己的才能,充分发展自己。法治作为治国的基本方式,能够有效地创造良好的社会环境,实现其他价值目标。

3. 个人层面

爱国、敬业、诚信、友善是每个公民的具体行为准则,类似于社会主义核心价值这个建筑的砖瓦。离开了公民个体,再响亮的价值观也只是一句空口号。一个德行完备的人,需要不断激发真善美的道德意志、道德情感,提高辨别是非的能力,最终养成自觉践行的良好习惯。个人层面的价值观在家庭、社会、工作等方面划出一道线,促进每个公民提高自身的道德修养。

爱国主义是一种对国家的真挚情感,时刻把自己的成长和国家的命运联系在一起,主动为国家负责。国家的繁荣和稳定可以给每个公民一种自豪感和安全感。同时,人们对国家的热爱可以形成巨大的力量,成为国家战胜困难的可靠后盾。爱国主义的认识不能只停留在传统美德上。爱国更要爱热爱社会主义,青年大学生要把对社会主义的热爱转化为实际行动,

---

[1] 中共中央关于全面深化改革若干重大问题的决定[M]. 北京:人民出版社,2013:49.

投身于国家建设，贡献力量。

敬业是各行各业的人在工作中应具备的基本态度，是职业行为的价值标准。每个人只有在岗位上尽责，才能得到应有的报酬，才能保证社会经济。社会需要认真对待工作的公民，公民的自我价值也需要体现在具体的劳动中。

诚信是所有人际关系所需要的优秀品质，也是一个人的基本道德品质。一个没有诚信的社会将无法正常运转。自古以来，中华民族就十分重视诚信。孔子的"人而不信，不可知也"、墨子的"言不信者，行不果"等都体现了诚信对人的重要性。在新时期，随着市场经济的发展，诚信不仅是一种道德，更是一种经济性质。在交往圈子不断扩大的社会中，诚信已成为连接彼此的一项重要参考标准。

友善是一种与人沟通和交往的品质，它能创造一种和谐的人际关系，这也是个人对自己的严格要求。友善作为人的基本素质，不仅可以完善人格，而且可以优化社会秩序，密切人与人之间的关系，营造良好的社会氛围，尤其在各种社会矛盾容易激化的社会转型期间。

爱国、敬业、诚信、友善的内涵是相互影响的。爱国是个人价值观的基本遵循，能激发民族自豪感。普通民众的爱国精神体现在他们每天的辛勤劳动中，通过对工作的投入来表达他们的爱国情怀。诚信和友善是人们交往的基本品质，良好的人际关系有助于树立国家的威信。在核心价值观的具体培育过程中，要特别注重个人层面价值观的确立，用个人价值观滋养社会价值观和国家价值观的诞生和发展。

4. 三者之间的逻辑关系

三个层次的核心价值观是一个有机的整体，任何一个都不可缺失，它们在社会主义实践中是统一的，都集中体现在国家价值目标、社会价值取向和公民道德规范上。每一层面的价值观都与前后层面的价值观有着密切的联系。国家层面的价值目标是最高指挥。一个国家只有强大，才能有充足的物质资料、民主的政治生活、丰富的文化生活和和谐的社会氛围等。这样一个国家对公民良好政治素养和良好人格的形成也会产生直接的积极影响。社会层面的价值取向是公民理想的社会状态，也是社会秩序良好的基本条件。正因为如此，社会层面的价值观才能指引社会主义建设的方向，只有走上追求自由、平等、公正和法治的道路，才能缓解国家和个人利益的矛盾，才能实现国家和个人层面的价值观。于国于社会，最终"人"才是落脚点，什么样的价值目标和价值取向是基于人而定的。公民不仅是价值观实践的主体，还是社会实践的主体。思想道德良好的公民，可以净化社会风气，引领社会风尚，凝聚建设国家的一切力量。

　　三个层面的关系就像盖房子，国家层面的价值目标最终是建筑的外观，社会层面的价值取向是建房的方法，不依据建筑的规律，房子就无法成型。个人层面的价值标准是建房的材料，没有它，房子就只停留在设计图纸上。总之，社会主义核心价值观就是依据价值准则的公民在正确价值取向引领下，实现国家价值目标，每个部分相互依存，相互贯通。

（二）共享经济为大学生社会主义核心价值观教育带来新机遇

1. 共享经济开放性为核心价值观教育提供了新视野

　　从共享经济三大要素——闲置资源、网络平台以及参与者来看，闲置资源是提供者本着自愿共享的理念，将自己的物品进行使用权暂时性转让的那一部分，放在公开的、开放的网络平台以供网络用户自主挑选，也就是说闲置资源的一切包括其外观、属性、使用说明等是处在完全公开和开放的状态，可以给任何用户观察选择，更有人性和贴心的操作是可以让属意的用户现场去体验试用。网络平台是完全依托互联网技术的发展而建立的虚拟交易平台，完全具有互联网的特性。网络平台可谓是共享经济不可缺少的核心部分，平台利用网络连接世界上所有的网络用户，这些网络用户会参与到共享经济中来，有些则是潜在的提供者或需求者，随时随地可以使用各种移动终端浏览共享平台上的信息，互联网创造了一个开放的、高度参与的、更加自由的社会。参与者是指参与到共享经济过程中的资源提供者和需求者，这两种角色可以同时存在于一个人的身上，这种人被称之为"产消者"。由于共享交易是连接陌生人之间的经济行为，基于平台的信任机制，参与者必须在平台上认证个人的真实信息，以便增加交易可信度，促成交易行为。同时，随着共享内容和范围的扩展，毫无意外，教育也是共享的主要内容之一，核心价值观教育可以在共享下获得更好的发展，将教育内容和范围共享出去与社会接轨，以达到学之社会、用之社会。

大学生社会主义核心价值观教育可积极吸取共享经济的开放性理念,将教育开放化、自由化,教育面向社会、学校和家长等,吸收各个方面的有益成分,纳入教育的内容和方式中去,力图以更加新颖、更加全面的方式和内容吸引学生学习、加深学生理解、促进学生践行。教育不应该只是学校和老师应该做的事,教育是合众人之力、取众物之长才能做好的利国利民之大事。

共享经济的世界性视野和发展已然给予核心价值观教育者足够的反思,明确为适应当前经济的发展,首要任务就是努力克服应试教育存在的缺陷,拓展核心价值观教育的视野。教育长期处于应试之下,连带着核心价值观教育的教学理念也未能摆脱其桎梏。在素质教育改革之下,仍有部分高校坚持着"照本宣科"和"一本教案用到烂"等方式,以"一试见真章"的方式来检验成效。这种环境下价值观教育便很有可能导致大学生把价值观学习作为知识的被动导入,而不是一种全面发展的人具备的价值观的培育。学习仅是为了毕业等客观原因,而不是主观意愿上的自我培养,更不必提将所学内化成自身必备的涵养和价值导向、价值标准了。因此在进行社会主义核心价值观教育时,为了保证价值观教育成效显著,我们要在正确认识我国应试教育的优缺点基础上,努力消除急功近利、偏执保守的思想观念。有效清除应试教育对大学生造成的思维僵化、不善迁移、功能固着等影响,最根本的就是应该打破其刻板片面的理念。理念的打破必须依靠另一种正确的理念的培育和树立,在共享经济已成功地在全世界进行发展的现状下,价值观教育应积极主动学习其开放性、可持续性的视野和理念,将社会主义核心价值观教育放在未来,而不是过去和现在,明确未来的社会需要什么样的人才,什么样的价值观教育才能满足国家和社会未来的发展,致力于实现核心价值观教育的长远健康发展。

共享经济的开放性理念不仅体现在其三大要素以及快速拓展和纵深的策略上,更在于对未来发展的大胆设想和勇于实践。共享经济开放性和可持续性发展是其保持生命力的基础,在发展过程中特别注意开放性和可持续理念的落地,将其落实到共享经济涵盖的各个方面,如区别于传统封闭式的高档写字楼,在设计、内容和平台运营方面,通过开放空间,打造城市交流场所,实现生活、办公和休闲娱乐互融互通,激发城市区域中心释放更多活力；区别于传统的人事，共享经济采用灵活式人员流动工作，不用劳动合同拘束员工，最大程度地发掘各方面的人才，给予自由的平台发挥其专业化知识与能力，通过开放人事，打造全球人才流动，并实现生活与工作融合，从而创造出更多的就业机会，激发人才工作的活力和热情。将这种理念融入教学中，教导他们不能拘泥于学历的获得、工作的找寻，应该将眼光放在更高更深的层次上，即个人的未来发展上。同时教育者更应该将这些有益理念贯彻到底，即应用于教育教学全过程中。教育者应该率先垂范、为人师表，做到正确处理言传和身教，树立开放性理念，先行以实践证明其内化作用，增加教育的感染力，打破"台上他说，台下说他"的窘境。

应在教育内容、教育原则、教育方法上进行开放创新。利用新的时代背景和社会环境，面向更加开放的世界，提供多样化教育，充分发挥教育育人的功能。简单来说，共享经济的发展广泛普及到网络所覆盖的任何地方、任何人和任何领域，在法律法规的允许范围内共享经济的准入准出是秉承着开放自由的原则的，力图让每个人都享受到共享经济所带来的效益，并能够以较低的成本和自由的状态加入共享经济行列中，在经济活动中遵守并践行着健康可持续性发展的原则，每个参与者能够在其活动中预见未来的发展前景。在开放性、可持续性突出的经济模式中，核心价值观教育应自觉主动地与经济发展并行或者超前于经济，吸收其开放性的原则，将核心价值观教育面向所有人、面向社会、面向世界，大学生的社会主义核心价值观教育不应该局限于学校书本和少数形式主义的社会实践，更应该面向社会和世界。不应该仅局限于当前社会所需人才的相应价值观的培养上，更应该超前于经济和社会的发展，为未来社会的发展提前培育高层次、高道德、高素质人才。

2.共享经济的诚信原则为核心价值观教育打造健康环境

社会信任是共享经济的核心。互联网连接了几十亿的用户，但是如果没有足够的信任是无法获得如此之高的经济效益的。共享平台为了促成陌生人之间的交易，大力构建信任体系，如实名制、身份验证、各类的资格认证等做得很彻底，更是出现了让双方使用个人的头像、电话、姓名、地址以及信用展示的要求。透明公开的个人信息以及信用记录使得交易双方敢于进行交易,足够的信息披露增加了信任建立的可能性,一旦交易成功,那么双方的信任感会大大提升,交易结束便会给予相应的评分,信任变成可视的分数累积能够给仍在观望的消费者一些信心去参与共享。"今无慈惠廉爱,则民为虎狼也;无文学,则士为牛马也。"① 要求人们树立正确合理的价值观念,才能不为"虎狼",不成"牛马"。在全社会建立健全的信任体系,为时代和社会更好的发展培育出价值观端正、道德高尚的人才。符合时代渴求的、社会呼唤的、人们祈盼的价值观念便是诚信。没有"信任",谁会"共享"。要发挥互联网在现实中产生的价值——共享活跃度,需要完善相关体系机制和营造信任的环境。共享经济的发展在一定程度上依赖于信任机制,其同时也会反过来重塑起社会信任。随着共享经济规模和范围的扩大,用户已逐渐习惯在网络上提交身份证明等其他个人信息以获取更高的信用分的方式,这促使每个人积极参与构建信任机制、主动理解披露个人信息、开放心态信任他人。实现共享需要一定的环境孕育,例如,朋友间的互借行为依赖于对彼此的信任,一旦信任不存在,那么借用关系也就会消失了。互联网实现实名化、身份化给信任提供了外部环境。

建立健康的社会信任体系,为核心价值观教育营造良好的社会环境。共享经济所创造的信用体系以及在其影响下不断完善的社会信用机制正在给社会信用带来新的发展局面,随着共享经济的发展,现代社会人与人之间的信任感逐渐增强。在共享经济社会信任体系下,大学生社会主义核心价值观教育所需的社会更加和谐稳定,社会成员之间信任的增加使得社会主义核心价值观中的诚信原则得到了切实的践行和发展,如此一来,作为社会上的新一代后备军——大学生,在这样团结稳定的社会环境下才能得到更好的身心发展。但是思想活跃、价值观塑形期的大学生是否会自觉遵循社会的优良传统就是教育应该做的事了。共享经济带来的信用型社会给大学生社会主义核心价值观教育提供了稳定的社会环境,教育内容能切实与社会联系起来,学校教育与社会教育相互作用,使得教育成效的实现得到更大程度的保证,与此同时也能让大学生在亲身参与共享的过程中理解诚信的含义,践行诚信、推广诚信,树立诚信意识、遵循正确的价值观。

---

① 章太炎. 国故论衡[M]. 上海:上海古籍出版社,2010:115.

3.共享经济的平等性为核心价值观教育提供新思路

共享成果平等共享。共享经济以其巨大的优势和市场在经济、政治、文化、生态等各个领域创造了丰富的物质和精神成果,在经济领域带来了巨大的经济收益和国内国际市场,创造出了新的经济模式使我国国民就业率有所上升、GDP得到快速增长,并使国内国际市场打通连成一体;政治领域内首次全面系统的对共享发展进行阐述,并创造性地将"共享"融入"创新、协调、绿色、开放"这四大发展理念中;文化领域中增加了人们的情感和生活交流,实现了共享经济应有的生命体验的文化属性,并在全社会范围内激发和树立共享理念,这作为一种文化理念是有利于人们的身心发展的,完全值得传承和弘扬;在生态领域,共享经济同样给生态发展以借鉴意义和持续发展的可能性,共享经济提高了现存资源的使用率,这在很大程度上就节约了能源和资源,降低了环境污染的可能性,对绿色、可持续发展的生态发展起到了直接作用。党的十七届五中全会中提出"坚持发展为了人民,发展依靠人民,发展成果由人民共享"[①],共享经济发展所带来的成果也应该是由全体人民平等的共同享有的。

应打破传统单一主体的说法,重新定位教育双方地位。由于共享经济的壮大和发展,民主平等更加深入人心,处于共享经济社会之下的大学生对自身的权利和平等地位有了更高的要求。在这种平等理念的影响之下,当今高校师生的关系有平等化趋向,即当大学生进入大学以后,教师与学生的关系上升到了成年人的层次,此阶段的两者更多的是以平等层次上的沟通方式交流,也就是说老师对学生不再是以单方向的教育和管理方式相处了,而是对话与沟通。大学生在接受教育的同时,也对教师的行为和工作方式有权提出合理的建议。但是现在大学强调专业教育,大学生与老师之间不再是朝夕相处,师生之间的接触变得相对有限,师生的关系逐渐走向淡薄将会演变成一个不争的事实,因此在师生之间营造出一种相互尊重、相互信任、相互配合、民主平等的关系是非常重要的。

4.共享经济双向互动方式为核心价值观教育提供新方式

在交易方面,共享经济属于经济交易行为,在交易过程中各方参与者

---

① 中国共产党第十七届中央委员会第五次全体会议文件汇编[M]. 北京:人民出版社,2010:67.

都发生着作用，尤其是一个交易行为的双方——提供者和消费者，两者通过一系列诸如提供者将资源公之于众、消费者浏览、询问相关事宜、互相验证对方信息和信用，交流甚至见面，两者通过各种形式的互动最终促成交易。也就是说，在共享经济的整个过程中，交易两大主体通过共同享有的网络平台进行实时互动，不同于传统的商业模式下生产者规模化生产商品提供给卖家，而买家只能选择购买或者放弃，不能直接与生产者对话获取想要的信息，更不能满足个体个性化的需求。

在评价方面，共享经济建立的是双向评分机制，即提供者本着良心卖家的原则不欺瞒、不诓骗消费者，用最真诚的价格和商品与消费者达成一次愉快的交易，得到消费者较高的评分，如此一次交易成功之后获得较高评分，可供给其他的潜在消费者参考，以此提高下一次交易的成功率，如此往复，交易双方产生黏性，不再是一次性交易，甚至两者可能因为共同的兴趣爱好而成为朋友。结合垂直单向方式，发展双向教育互动方式。教育本身就是一个循序渐进的过程，更是一个互动的过程。在教育过程中，双向互动模式将会产生意想不到的效果，即不再单单是传统的教师与学生在课堂上单向传输方式，而是增加了课堂和生活中双向交流互动的方式，大大增加了教与学的灵活性。采用这种双向互动的教育方式，能够有效地培养学生的学习兴趣，充分发挥学生的互动性、积极性和创造性，清除社会主义核心价值观教育课堂上的"课堂冷漠"现象。同时在师生之间产生一种关系黏性，教师与学生不再是一门课的关系，更重要的是维系成一种能够长久互教互学的关系，教师个人正确价值观的传递将通过个人的言行举止和生活细节等其他方式，这种长久的关系将更利于社会主义核心价值观在大学生身上起到深刻的影响和作用，助力师生之间正确价值观的传授和引导。

5.共享经济社会与个人的价值驱动为大学生提供价值遵循

共享经济有四种类型：产品服务系统主要指借用、租赁以获取产品暂时的使用权；协作式生活方式包括拼车、以物易物等；再次分配市场，如"闲鱼""转转"等App；技能和服务共享模式，例如"厨模"这种特殊技能或个体服务的共享。共享经济实质上就是将社会闲置资源反复再利用，提高社会现存资源的利用率和降低用户边际成本，减少资源浪费和环境污染，增大人与人之间的信任和沟通，创造美好和谐的社会，彰显和提升社会价值。

在个人方面，个人对他人的信任感增大，在共享过程中完成对自己的教育和再教育，学习他人身上的优秀品质，充实完善自我，发挥和创造个人价值，如在共享经济行为中发现自身更多的可能性、职业的多样性，让个体能够在不同行业中尝试并找到能让自己发光发热的岗位。在兴趣的驱使下找到符合自身能力和未来发展期望的职位，个人将更有精力和热情创造出属于自己的价值，如此，个人价值便得到了自己能力范围内最大限度地实现。

倡导兼顾社会与个人利益。在共享经济的利益实现和价值驱动下，大学生就价值实现方面有了更高的要求，不再是一味地遵从于他人利益优先、个人利益屈从于集体利益等，更加注重个人价值的满足和实现，同时创造或者获得社会价值的实现。许多高校在教育过程中过分强调了学生要履行的义务而忽略了其个人想要实现的价值和利益，一定程度上会导致大学生对学习和践行核心价值观产生不良情绪。这就要求教育者在核心价值观教育教学过程中，教导学生获得平衡这些关系的技巧和方法，而不是过度强调舍己为人、因公废私。只有让大学生的个人需求和利益的实现切实落地，才能更好地避免核心价值观教育走向虚无和抽象。大学生作为社会后备资源，是社会发展的中坚力量，毫无疑问的是要明确自己所要遵循的社会价值和个人价值。共享时代下的集体消费在成全大局的同时也兼顾个人利益。新时代，个人价值得到充足的空间和条件去创造和发展，同时社会价值因个人价值的提高而提高。核心价值观教育在此转变中扮演着重要的角色，教导学生明确个人价值与社会价值之间的关系，学会如何平衡两者、如何达到价值创造最大化。

二、共享经济背景下大学生诚信教育

共享经济是一种信用经济，服务的两端如无信任的建立，交易便无从谈起。共享经济的出现，让个人诚信受到重视，建立健全的信用体系迫在眉睫。对新时代的大学生来说，加强诚信教育，把好诚信关口，才能在日益蓬勃发展的共享经济中占有一席之地。

（一）教育大学生遵守经济诚信规则

在市场经济条件下，行为主体是否采用道德或合法的手段去获得经济利益，首先取决于这个行为主体的道德人格。大学生的消费、信贷意识逐渐增强，但始终要直接面对能否坚持做到诚实守信，即履行个人信用的问题。遵守承诺，实践成约，是评价大学生个人道德信念、行为和水平的尺度，也是树立大学生诚信形象的重要途径。这就需要教育大学生在经济生活领域遵守与他人、学校、社会经济组织发生经济关系时所应遵循的诚信规则和要求。

1. 遵守学业经济关系中的规则

大学生经济生活的一个重要方面是与学校发生的经济关系，包括交学杂费、参加勤工助学活动、评定奖金等，在这些经济关系中，大学生应该遵循基本的规则要求。

第一，交纳学杂费的规则。高等教育不是义务教育，大学生交纳学杂费是大学生应尽的法律责任和道德义务。大学生在交纳学杂费活动中应遵循诚信要求。一是自觉交纳学杂费，不恶意拖欠。大学生在校期间应当依照学校相关规定，自觉交纳学费、住宿等费用；每年主动及时地交纳学杂费，不得恶意拖欠、拒绝交纳；若因为家庭经济困难等原因申请缓交或只交了部分学杂费的，应在规定时间内主动足额补交。二是正确履行缓交或减免学杂费手续。如确因家庭经济困难不能全交费的学生，要按照国家相关政策如申请国家助学贷款和生源地贷款的规定，根据学校学杂费交纳的相关要求申请缓交学费或者补助、减免学费等。

第二，勤工助学的规则。勤工助学主要包括两类：一是学校组织的勤工助学活动，如由学校勤工助学中心安排家庭经济困难的学生到图书馆、食堂、医院等部门服务，以此获得一定的经济补助。二是学生个人或群体自发组织的，利用周末或者寒暑假到校外兼职，获得一定经济报酬的活动。大学生在勤工助学活动中应遵循诚信要求。首先，活动合法合规。大学生在不影响学业的前提下从事的勤工助学活动,应当合法、规范、健康、有意义，不从事非法经营活动，如贩卖盗版光碟、参与传销组织等。其次，信守合约规定。在各类勤工助学活动中,大学生与其服务的对象一旦产生经济关系,就需要遵守相关的契约合同和规则要求。比如,没有按规定提供劳动服务,就不要领取相应的薪酬等。

第三,申请困难补助的规则。各类慈善机构、企事业单位、热心行善人士和海外华侨等纷纷捐助,通过多种形式和途径在经济方面对贫困大学生给予大力的支持和帮助。这就要求大学生在申请困难补助活动中应遵循规则要求,如实填写申请资料,贫困证明真实可靠,正确使用助学金。大学生应当心怀感恩,倍加珍惜国家和社会爱心人士提供的帮助和支持,将获得的困难补助用于学习生活之合理需要,不铺张浪费或另作他用。

第四,申请奖学金的规则要求。奖学金是由国家、地方政府、学校和社会人士为鼓励学生立志成才,促进学生专业知识和专业技能水平的提高,帮助学生德智体全面发展,对那些品学兼优的学生给予经济奖励的助学方式。由政府出资设立的国家奖学金、国家励志奖学金,资助品学兼优、家庭经济困难的优秀学生,另外,各高校也分别设立了综合奖学金和单项奖学金等。大学生在申请奖学金活动中应遵循相应的规则要求:大学生申请各类奖学金要符合奖学金的申请条件;大学生申请奖学金时应严格遵循国家和学校确定的申请程序;大学生在申请奖学金的时候不包庇他人的作假行为。

第五,助学贷款的规则要求。党和政府、高校都对大学生的助学贷款极为重视,千方百计为困难大学生获得助学贷款顺利完成学业创造各种有利条件。因此,很有必要对大学生的助学贷款申请做出诚信规定。在申请助学贷款的过程中,大学生应当如实填写申请资料,贷款成功后要合理使用助学贷款,毕业后要认真履行还款手续,不得恶意拖欠贷款或逃避贷款。

2.遵守投资理财等经济关系中的规则

尽管大学生主要的活动空间是在大学校园里,但也会与社会经济组织之间发生一定的经济关系,这些经济关系也对大学生的诚信提出了要求。

第一,投资理财的规则要求。大学生作为具有独立的民事行为能力的公民,可利用个人或家长的存款和现金等,用于储蓄、信贷或投资股票债券以及保险等,从中获取一定的收益。大学生在各种投资理财活动中,要遵守国家的法律法规,做到诚实守信。一是投资理财要合法规范。大学生从事的投资理财活动必须经有关金融监管机构批准，受到国家法律的保护。比如，大学生从事的证券类业务活动，如证券、期货经纪、证券投资基金、期货投资咨询、与证券交易投资活动有关的财务顾问、证券承销与保荐、证券资产管理、证券投资基金募集与管理，必须经过证监会的批准。二是宣传要客观真实。大学生在向他人宣传和介绍投资理财项目时，应当本着实事求是的原则，客观真实，既要说明投资带来的收益和好处，也要坦诚告知对方投资可能遇到的风险。不能弄虚作假，不得夸大其词，或者恶意贬低。不能只考虑自己的经济效益，恶意欺诈顾客或损害金融机构的利益。三是信守合约规定。大学生在参与金融活动时，应当信守合约规定，符合银行、证券公司或保险公司的相关规定和要求，不得擅自做出违背合约规定的事情。

第二，网络经济活动的规则要求。当代大学生在网络经济活动中存在追求时尚、标新立异的现象，而网络为大学生提供的众多经济活动内容恰好满足了大学生的心理需要。大学生感兴趣的网络经济活动内容主要包括发布信息、网上交易、查阅资料等。在这些经济活动中，大学生应遵循诚信要求。一是不伪造虚假信息。大学生在登录和注册某些网页时，应当如实填写个人信息，如姓名、性别、民族、联系地址和电话等。二是遵守网上交易规则。大学生作为买家在网上购物时，不能谎报个人的真实信息和银行账号，在收到购买的商品之后，应当按要求及时付款或退货，不能拖欠或逃脱付款，更不能盗用别人的账号进行网上购物。大学生作为卖家在网上销售商品时，其销售的实物应当与网上广告相符，商品质量合格，发货及时，并为顾客提供售后保障服务。三是尊重他人的知识产权。尊重他人的知识产权，实乃对他人劳动成果的尊重。大学生在网络经济活动中，应当诚实守信，严于律己，尊重他人的知识产权，如著作权、商标权、专利权和商业秘密等，恪守学术道德，不剽窃或抄袭他人的研究成果，不下载盗版软件等。

3.遵循个人经济往来中的规则

大学生还会与家长、教师和同学发生一定的经济关系，在这些经济关系中，大学生同样要遵守基本的规则要求。

第一，亲子经济关系的规则要求。在这种经济关系中，大学生必须遵循一定的规则要求。一是感恩父母。每个家庭为大学生的学习生活所提供的经济支持，是一种完全不图回报的无偿付出，大学生要懂得感恩父母，珍惜学习机会，刻苦钻研，奋发图强，用优异的成绩回报父母的含辛茹苦和无私奉献。二是勤俭节约。大学生要尊重父母的劳动成果，将父母提供的生活费用于正当的学习生活所需，养成勤俭节约的良好习惯，开支量力而行，不超出现有的经济承受能力，不铺张浪费、肆意挥霍、随意攀比。三是不撒谎骗钱。大学生对父母提出的经济要求要合乎情理，不能为了个人的某种私欲，编造各种谎言骗取父母钱财。

第二，师生经济关系的规则要求。一些大学生会向自己的教师借钱，一些大学生与专业教师合作研发项目或投资，由此产生了大学生与教师之间的经济关系。在这些过程中，教师与学生之间会建立起一定的经济关系。在这些经济关系中，大学生要遵守相应的规则要求。一是不拖欠还款。大学生在向教师借钱时，要向教师出具借条，借条上写明借款数额和还款期限等内容。事后，大学生要信守自己的承诺和约定，按时足额返还，不能拖欠还款，更不能逃避还款责任。二是遵守合作投资协议。大学生要严格遵守合约规定，在获取收益的同时，也要履行相关的责任和义务。在经营中若因为自己的过错导致不良后果的出现，应主动承担责任，不得推诿或逃避。三是不私自转化或出售研究成果。大学生在与专业教师合作研发项目时，要尊重教师，虚心向教师请教，培养自己的科研品质和科研能力。要严格遵守合约规定，保守相关机密，不向外界泄露研究资料和研究成果，更不能为了获取经济利益而私自将研究成果转化或出售给他人。

第三，同伴经济关系的规则要求。大学生长期在一起学习、生活，建立了良好的友谊，他们相互帮助，共同成长，共同进步。这不仅体现在学习方面的取长补短，还表现在经济方面的互帮互助，形成了一定的互借钱物、合伙投资和共同创业等经济关系。大学生在与同学发生经济关系时要遵循一定的规则要求。一是真诚帮助同学。同学之间应该团结友爱，互帮互助。当同学确实存在经济困难时，应在自己的能力范围之内对其予以帮助，及时伸出援助之手。二是分清情谊关系与经济关系。大学生要严格区分情谊和经济之间的关系，不能因为与同学关系较好，就无条件地向对方借钱或借钱不还，或者以情谊为由让同学承担更多的经济义务。三是勇于承担责任。

大学生在投资创业过程中，要尽己所能，充分发挥自己的智慧，努力与团队其他成员团结协作，共同出谋划策，使投资和创业的项目获得最大的收益。遇到困难时，同学之间要互相帮助，共渡难关，勇敢地承担起责任，不逃避，不推诿。对于投资创业获得的收益，要按照合约规定进行分配，不能为了满足个人私欲而提出不合理的分配要求或隐瞒、谎报经济收入。

（二）引入法律惩戒教育，强化学生的法制观念

失信惩戒是社会信用体系中最重要的部分。近些年，大学生学术腐败、求职就业毁约、贷款失信等问题日渐突出，部分大学生失信不仅影响了自身形象，也给他人、社会造成了实实在在的损失。只有建立严厉、有效的惩戒制度，才能对失信大学生产生威慑和警示作用，维护正常的信用秩序。2016年中共中央办公厅、国务院办公厅印发《关于加快推进失信被执行人信用监督、警示和惩戒机制建设的意见》，为共享经济背景下的大学生失信惩戒提供了政策和法律依据。首先，推进信用信息共享，健全激励惩戒机制，惩戒失信大学生，既让广大学子认识到诚信的不可或缺，同时也维护了司法权威，营造向上向善、诚信互助的社会风尚。其次，运用共享数据链让失信信息与各类信用信息互联共享，激励守信者，惩罚失信者，可以有效促进惩戒措施的实施，让那些游走于失信边缘的大学生悬崖勒马，让诚实守信成为大学生共同的价值追求和行为准则。

（三）借鉴社会征信体系建设，强化学生的诚信意识

市场经济是信用经济，而建设信用经济的本质是健全社会信用体系，其核心则是征信体系建设。大学生刚刚成年，开始较多地接触社会，受社会大环境的影响较大，而大学阶段又是人生塑型的关键期，若没有摆正心态，没有足够的诚信意识，那么走出校门，道德的"危墙"就会崩塌，危及他人，危害社会，最终损毁自己的人生。所以，要从政府、社会、学校各个层面加快征信立法和制度建设，大力推进政务诚信、商务诚信、社会诚信和学术诚信建设，完善信用服务市场，齐抓共管，在全社会广泛形成守信光荣、失信可耻的氛围，提高整个社会的诚信意识。如2017年8月初，浙江义乌出台了《义乌市个人信用管理办法（试行）》，首次明确了个人信用标准，实现了"人人都有信用分"的评分制管理规范。以此为借鉴，在高校应推

行以诚信数据库为依据的大学生信用体系，明确个人良好信用和不良信用的标准，对大学生信用实行评分制管理，为他们积累信用积分，及时对诚信信息整理、收集、分析发布，加强监督规范力度，大力营造诚实自律、守信互信的信用环境。

（四）开设专门课程或讲座，加强学生的诚信教育

诚信是大学生的立人之道和治学之本。在大学生中开展多方面的诚信教育，既是他们自身成长的需要，也是新时代发展和社会进步的要求。首先，要加强与诚信有关的课程建设，如开设"诚信专题讲座"等。课堂是教师教书育人的主阵地，一定要充分发挥其育人的强大功能，把诚信教育落到实处。其次，建设校园诚信宣传环境。如精心规划、设置诚信教育专栏，在教室、寝室和公共场所适当设置有关诚信的格言、警句牌，在校园网上设置诚信教育互动板块或在各种思想政治教育公众号中利用新媒体充实诚信教育的内容等，以形成良好的诚信文化氛围，让学生耳濡目染，潜移默化地受到教育。最后，要发挥广大学生党员的带头示范作用。高校应从加强教育引导、改进高校党组织管理方式和制定诚信约束机制等方面促进学生党员诚信示范作用的发挥，大力推动校园诚信风气的形成。

三、共享经济背景下大学生社会公德教育

新时代大学生社会公德是立足时代要求，着眼社会公共生活与公共关系，大学生群体应具有较高标准、较深层次的行为规范与道德规范的总和，是践行新时代、新青年、新要求的题中之义，是新时代大学生立德树人的关键环节。因此，确定并不断完善新时代大学生社会公德培育的内容，是适应社会新变化、实现青年大学生成长成材的迫切需要。

（一）弘扬和践行和谐共享精神

1. 弘扬和践行和谐共享精神应融入"人类命运共同体"理念

习近平总书记指出："坚持对话协商，建设一个共同繁荣的世界；坚持共建共享，建设一个普遍安全的世界；坚持合作共赢，建设一个共同繁荣的世界；坚持交流互鉴，建设一个开放包容的世界；坚持绿色低碳，建

设一个清洁、美丽的世界。"① 同时，习近平总书记强调："世界正处于大发展大变革大调整时期，和平与发展仍然是时代主题。……同时，世界面临的不稳定性不确定性突出，……恐怖主义、网络安全、重大传染性疾病、气候变化等非传统安全威胁持续蔓延，人类面临许多共同挑战。"②"没有哪个国家能够独自应对人类面临的各种挑战，也没有哪个国家能够退回到自我封闭的孤岛。"③ 面对如此形势，就必须坚持和平发展战略，就必须反对霸权主义与强权政治，就必须构建人类命运共同体。人类命运共同体理念要求世界各国一起同呼吸、共命运、齐参与，共享人类和谐发展的成果。它不仅仅指政治上的和谐共存，也指在自然中的和谐共生；不仅仅指文化上的互鉴共融，更是指携手齐心，共享世界全方位发展的成果。要践行和谐共享精神，就要将人类命运共同体理念贯穿其中，树立"大和谐"理念，将"和而不同"作为处理国与国之间关系的基本原则，以"生生不息"的精神倡导世界范围内的可持续发展，不断加强交流，增进共识，以国际担当和责任促进世界大团结、大繁荣、大发展。因此，新时代大学生应坚持正确的方向，树立人类命运共同体意识，不断提升自己的思想道德素质和科学文化水平，扩宽自己的国际视野，把自身发展融入世界发展潮流中，真正成为新时代中国特色社会主义事业的建设者、倡导者和成果享有者。

2.弘扬和践行和谐共享精神应融入"两山"理念

习近平总书记指出："坚持人与自然和谐共生。……必须树立和践行绿水青山就是金山银山的理念，……形成绿色发展方式和生活方式，坚定走生产发展、生活富裕、生态良好的文明发展道路，……"④ "我们既要绿水青山，也要金山银山。宁要绿水青山，不要金山银山，而且绿水青山就

---

① 习近平. 共同构建人类命运共同体——在联合国日内瓦总部的演讲[N]. 人民日报，2017-01-20.
② 习近平. 决胜全面建成小康社会 夺取新时代中国特色社会主义伟大胜利——在中国共产党第十九次全国代表大会上的报告（2017年10月18日）[M]. 北京：人民出版社，2017：58.
③ 习近平. 决胜全面建成小康社会 夺取新时代中国特色社会主义伟大胜利——在中国共产党第十九次全国代表大会上的报告（2017年10月18日）[M]. 北京：人民出版社，2017：58.
④ 习近平. 决胜全面建成小康社会 夺取新时代中国特色社会主义伟大胜利——在中国共产党第十九次全国代表大会上的报告（2017年10月18日）[M]. 北京：人民出版社，2017：23-24.

是金山银山。"① 要按照绿色发展理念，把生态文明建设融入各方面建设的全过程，建设美丽中国，努力开创社会主义生态文明新时代。"绿水青山就是金山银山"的理念，不仅从理论的高度阐释了环境保护与经济发展的关系，更从实践的维度揭示了经济发展与环境保护的辩证关系，是处理人与自然关系的基本指导理念，也是实现和谐社会的实践遵循。新时代大学生要明确经济发展与环境保护的辩证统一关系，经济发展要看长远，环境保护要看行动，每一个新时代大学生都应做环境保护的志愿者、参与者、传播者。在践行的过程中，不断深入体会"绿水青山就是金山银山"的思想，在实践中将"绿水青山就是金山银山"变为生动现实，成为新时代大学生的自觉行动，最终成为该理念的直接维护者与受益者。

3.弘扬和践行和谐共享精神应辩证地看待和谐观的思想来源

新时代大学生要弘扬和践行和谐共享精神，首要前提就是要明确认识到和谐观与其他理论资源的不同，深刻把握具有中国特色的和谐思想的时代内涵。一方面，和谐观的重要思想来源是中国优秀传统文化中的和谐思想，其为弘扬和践行和谐价值观、构建社会主义和谐社会提供了丰富的精神养料和思想来源。同时，更应看到，传统的和谐思想由于受到时代的局限性与思想实际的局限性，要么带有一定时代的阶级属性烙印，要么带有传统固化的传统思想痕迹。深刻把握和谐思想必须立足时代变化，剥掉其阶级属性，实现创新性发展和创造性转化，才能使其成为新时代大学生内心真正向往和追求的和谐精神。另一方面，要明晰具有中国特色的和谐思想与西方文化中的和谐思想具有本质区别。西方文化所强调的和谐思想，是为了维护资产阶级利益，巩固资产阶级统治的舆论工具，不是纯粹的和谐，更不是无差别的和谐。究其本质，其"是基于人性恶基础的契约论至上的，容易导致一种极端的个人利己主义。而建立在这种极端利己主义之上的和谐由于其固有的同一性逻辑实际上是一种冷漠无情和排他的和谐假象"②。它与具有中国特色的和谐思想在本质上是不同的，新时代大学生只有通过

---

① 中共中央文献研究室编. 习近平关于社会主义生态文明建设论述摘编[M]. 北京：中央文献出版社，2017：21.
② 张岩磊，高苑. 培育大学生社会主义核心价值观之和谐观的思考[J]. 思想理论教育导刊，2016（06）：91.

明晰中西方和谐思想的本质不同，才能够透过现象看本质，真正理解中国特色和谐思想的无差别性和阶级超越性，从而明确中国特色和谐思想的价值旨趣与时代内涵，成为和谐思想坚定不移的践行者与传播者。

（二）加强大学生网络公德教育

1.新时代大学生网络公德教育的基本原则

大学生网络公德教育是其道德品质提升的重要环节，虽然网络中的公德与现实的社会公德有着不同之处，但是二者都是以现实的世界作为基础，同样都是以人为中心，为人服务的。因此，进行网络公德教育也需要遵循一定的原则，主要包括教育引导和实践养成相统一原则、道德教育与制度保障相统一原则、目标导向与问题导向相统一原则。

（1）教育引导和实践养成相统一

新时代大学生网络公德教育要遵循道德建设规律，将教育引导和实践养成相统一。随着科技进步，网络空间广泛影响着人们的思想观念和行为，要让正确的道德价值取向成为网络空间的主流，就需要在教育引导和实践养成方面下功夫。在教育引导方面，通过网络内容的建设，让优秀的道德文化内容充满网络空间，通过系统化的道德知识正确和有效地引导大学生提升自我判断能力，在网络中能够明辨是非，提升大学生在网络中的道德素质。在实践养成方面，对大学生思想和行为的培育引导，既要重视理论知识的作用，还必须重视实践活动的作用，要在实践中认识、理解、检验以及发展理论，循环往复。网络为道德实践活动提供了新的方式，通过线上公益活动等形式，促使大学生形成相应的公德意识，更深层次地理解网络公德的价值性和重要性，进而把社会公德中包含的具体道德要求作为参与网络空间生活的出发点和落脚点，使自身的认知、行为等能够符合网络公德规范和要求形成道德实践，最终成为大学生网络生活的习惯和本能。

（2）道德教育与制度保障相统一

网络公德能否被社会认同和接受，不仅取决于网络公德本身，还取决于道德教育与相应的制度保障。道德教育是建立良好网络公共道德的重要手段，因此，网络空间的公共道德教育应基于大学生的网络生活，教育和学习都应从大学生的实际生活开始，并注意网络空间中大学生的需求，通过大学生讨论网络生活中善恶的价值和标准，让大学生建立正确的价值观，为大学生的生活和行为实践提供知识和价值的指导。在制度保障方面，"法律是成文的道德，道德是内心的法律。"① 提高大学生道德素质是一个复杂的、系统的活动，而且随着网络技术的不断发展，网络空间也不断变化。只是对大学生单纯地进行道德教育是远远不够的，必须建立健全相应的制度和规范，并利用法治的力量惩恶扬善，保障道德建设的实施，提高社会整体的道德素质。2019年印发的《新时代公民道德建设纲要》总结了2001年以来公民道德建设中法律法规以及政策的经验，从强化法律法规保障、彰显公共政策价值导向等方面出发，深刻论述了法治对道德教育的保障和促进作用，阐明了其制度保障的有效性和措施。

（3）目标导向与问题导向相统一

《新时代公民道德建设实施纲要》强调："加强公民道德建设是一项长期而紧迫、艰巨而复杂的任务，要适应新时代新要求，坚持目标导向和问题导向相统一。"② 这就需要在目标导向上，紧紧围绕纲要的总部署，突出公德建设的重要性，通过教育引导、实践养成以及制度保障等多种手段以及方式，不断提高大学生的网络公德素质，促进大学生的全面发展，培养能够担当中华民族伟大复兴重任的时代新人。在问题导向上，要紧密围绕当前网络空间中道德领域存在的具体问题，例如网络欺诈、造谣、谩骂、人肉搜索和歧视等，并且结合网络空间的特殊性与复杂性，以社会主义核心价值观为引领，加大工作力度，把握公德教育的规律，针对具体问题提出相应的解决措施，以此来提高大学生的网络公德水平，进而增强公民在网络空间的道德素质，营造良好的网络空间环境，推动网络空间健康有序地发展。

2.新时代大学生网络公德教育的主要内容

大学生网络公德教育的目的在于提高大学生的网络公德认识，规范大学生在网络中的言行举止，促使大学生形成良好的道德品质，营造一个良

---

① 中共中央 国务院印发《新时代公民道德建设实施纲要》_中央有关文件_中国政府网[EB/OL].（2019-10-27）[2023-06-24].http://www.gov.cn/zhengce/2019/10/27/content_5445556.htm.

② 中共中央 国务院印发《新时代公民道德建设实施纲要》_中央有关文件_中国政府网[EB/OL].（2019-10-27）[2023-06-24].http://www.gov.cn/zhengce/2019/10/27/content_5445556.htm.

好的网络空间氛围，为社会主义和谐社会的建设和发展贡献自己一分力量。《新时代公民道德建设实施纲要》强调公民道德建设的重点任务是社会主义核心价值观、理想信念、传统美德以及民族精神和时代精神四个方面，也十分重视网络空间的道德建设，因此网络公德教育的主要内容也应该从以下几个方面出发。

（1）巩固大学生理想信念

理想信念指引着人的人生前进方向。理想是人们在实践中形成的对未来社会和自身发展的向往和追求，信念则是人们在一定认识的基础上确立起来的对某种思想或者事物坚定不移并身体力行的精神状态。[①]社会公德教育能够巩固理想信念，理想信念能够滋养道德精神，正所谓"人民有信仰，民族有希望，国家有力量"[②]。网络已经成为大学生生活中不可或缺的一部分，不断丰富着他们的日常生活内容和精神文化生活方式，但是也存在网络不良信息冲击大学生的理想信念，大学生出现理想信念缺失等诸多问题。而有理想信念就是成为担当民族复兴大任的时代新人的条件之一，应该在网络上广泛开展大学生理想信念教育，巩固大学生的理想信念。大力进行理想信念的教育，可以促使大学生把共产主义最高理想和中国特色社会主义共同理想统一起来，把个人理想同国家发展需要统一起来，以主流的价值观念应对网络中的不良信息，营造良好的网络环境，成为有理想信念的时代新人。

（2）传承中华民族传统美德

文化是一个国家和一个民族的根本和灵魂，只有文化自信，才能带来文化的繁荣兴盛。几千年来积累的中国传统道德文化是中华民族长期社会实践经验的总结，中华传统道德文化内容丰富，包含着诸多风俗习惯、思想观念、生活方式等内容，这些是中华优秀传统文化的重要组成部分。《新时代公民道德建设实施纲要》指出："坚持在继承传统中创新发展，自觉传承中华传统美德"[③]，是公民道德建设的要求之一，而且，网络空间是现

[①] 陈万柏，张耀灿. 思想政治教育学原理（第3版）[M]. 北京：高等教育出版社，2015：186.
[②] 习近平. 习近平谈治国理政（第二卷）[M]. 北京：外文出版社，2017：323.
[③] 中共中央 国务院印发《新时代公民道德建设实施纲要》_中央有关文件_中国政府网[EB/OL].（2019-10-27）[2023-06-24].http://www.gov.cn/zhengce/2019/10/27/content_5445556.htm.

实空间的延伸和发展,对传统道德文化的影响是不可避免的。因此,肩负祖国未来发展重任的大学生,更应该增强文化自信心,自觉推动社会主义文化繁荣昌盛,让中华优秀传统文化彰显其魅力和风采。重视网络环境下的中国优秀传统道德文化教育,有利于缓解日常矛盾冲突,促成网络平台内容的丰富多彩,通过教育将传统道德文化内化为大学生的精神力量,外化为网络空间中的行为行动,为维护正常的网络秩序营造良好的网络公德氛围。

(3)弘扬民族精神和时代精神

民族精神和时代精神是中华民族的强大精神力量和动力支撑。一方面,民族精神是时代精神的基础,影响其思维品质和精神风貌,是时代精神的表现形式,更是其发展的目标和方向。另一方面,时代精神为民族精神增添时代性内涵,提升民族精神的时代性价值。[1]当今社会网络技术快速发展,网络"挣脱"了时空束缚,通过资源共享实现各平台间的信息交流与交换,大学生可以在网络中进行互动与学习甚至"实践",变被动为主动;并且借助于网络平台的技术优势,通过网络公德教育可以将民族精神和时代精神的相关信息与资料传播出去,激发更多人的学习兴趣,也有利于民族精神和时代精神的培育和弘扬。

四、新时代大学生共享发展理念的培育

(一)新时代大学生共享发展理念培育的目标

习近平总书记强调:"高校思想政治工作关系高校培养什么样的人、如何培养人以及为谁培养人这个根本问题。"[2]任何事情的设定都有一定的目标。对当前大学生进行共享发展理念培育也涉及"培养什么样的人"的问题。这就需要高校根据中国特色社会主义建设的需要和大学生成长成才的需要,对大学生进行共享发展理念培育所要达到的一个预期结果进行设定,作为共享发展理念培育工作的基本前提,为共享发展理念培育提供动力,

---

[1] 韩迎春,刘灵. 推进"民族精神"与"时代精神"融合发展[J]. 中南民族大学学报(人文社会科学版),2019,39(05):128-133.

[2] 习近平. 习近平谈治国理政(第二卷)[M]. 北京:外文出版社,2017:376.

也为检验和评价共享发展理念培育工作提供检验的标准。所以，共享发展理念的培育必须要在充分考虑国家社会发展的客观需要的基础上，综合大学生自身的实际状况，使学生形成正确的共享意识并认识共建的重要价值，从而使大学生群体能够在共建共享中不断实现自身的全面发展。

1. 引导大学生充分认识共建的价值

"幸福不是毛毛雨，幸福不是免费午餐，幸福不会从天而降。人世间的一切成就、一切幸福都源于劳动和创造。"[①] 所以，对大学生进行共享发展理念培育，首先要引导大学生充分认识到共建的价值，使他们明白只有人人参与到社会建设中去，人人在社会建设中都尽力贡献力量，才能使人人都共享改革发展的成果。一方面，要引导大学生充分认识共建对个人发展的重要性。在中国特色社会主义建设的伟大实践中，人民群众才是社会发展的根本动力，人的主体地位贯穿于社会发展和个人自身发展过程的始终。大学生在参与共建的过程中人的主体性能够得到充分的尊重，创造性能够得到充分的发挥，凭借自身的努力，不仅能够使自身的物质生活富裕，精神生活富足，更能使自身的价值得到实现。所以，共享发展理念培育要引导大学生积极走共建之路，在真诚合作共同建设的过程中，实现自身的全面发展。另一方面，要引导大学生树立正确的共建价值观。对大学生进行共享发展理念培育，除了让大学生看到共建对自我价值的实现，还需要让大学生理解全体人民的利益在根本上是一致的，共享发展的最终目的是实现全体人民的共同富裕，维护的是全体人民的共同利益，实现的是全体人民的共享发展。所以，要让大学生明白，作为社会的成员，必须努力消除封建小农意识的狭隘嫉妒心理和绝对平均主义的思维，正确地对待和处理个人与社会、个人与集体、个人与他人的利益关系。在有效实现个体幸福的同时，增进社会的和谐与有序。

2. 培养大学生树立正确的共享意识

对大学生进行共享发展理念培育就是要大学生树立正确的共享意识。一方面，要帮助大学生养成共享的个人美德。穷则独善其身、达则兼济天下。（《孟子·尽心章句上》）追求和创造幸福生活不仅仅是公民的基本权利，

[①] 中共中央文献研究室编. 习近平关于青少年和共青团工作论述摘编[M]. 北京：中央文献出版社，2017：92.

也是公民的基本责任。对于大学生个人来说，作为社会的一分子，共享发展就是对国家、对社会、对家庭、对自我责任的履行，这是一种个人的良好品德。作为一个社会人，大学生在日常生活学习工作中不仅要受到法律的约束，还需要道德的制约。共享作为一种美德、一种责任，需要大学生时刻加强自我修养与塑造，时刻进行自我反省与自我约束，使共享发展理念真正成为个人的行为规范和美德的体现。另一方面，帮助大学生树立正确的共享意识。"一个贪得无厌的人不会有幸福，一个损人利己的人难有幸福，一个心胸狭窄的人和悲观厌世的人也难有欢乐。"[①] 人不可能脱离群体而独自存在，只有考虑他人的利益，才能达到持久的共赢，只有个人之间的相互支持、相互合作、相互分享才能够共同发展推动社会的整体进步，最终使个人享受幸福生活。

3. 帮助大学生实现自由全面的发展

习近平总书记指出："人民是历史的创造者，是决定党和国家前途命运的根本力量。"[②] 发展是以人为本的发展，改革发展的根本指向就是要让全体人民共享社会发展的成果，使全体人民在共建共享中实现自身的全面发展。因此，对大学生进行共享发展理念的培育，就是要帮助大学生实现自身的全面发展。一方面，要着重培养大学生的主体性。从哲学意义上讲，"主体是指有目的，有意识地从事实践活动和认识活动的人。"[③] 实现共享发展需要大学生充分发挥主体性、积极性、主动性和创造性。因此，对大学生进行共享发展理念的培育，就要着重培养大学生的主体意识，确立其主体地位，塑造主体人格；培养大学生主体能动地认识并改造社会，认识并且承担社会责任；引导大学生在理解、对话、沟通、合作的基础上参与到共享发展理念培育过程中来，以不断增强大学生的综合发展素质。另一方面，要培养大学生自由全面发展。共享发展理念重视人民群众的历史推动作用，以促进人的自由全面发展为目的。因此，共享发展理念的培育也要以实现大学生的自由全面发展为目的，培养德、智、体、美、劳全面发展的新时

---

① 李新祥，潘存满. 幸福中国人：对话年轻企业家潘存满[M]. 杭州：浙江人民出版社，2013：60.

② 习近平. 论党的宣传思想工作[M]. 北京：中央文献出版社，2020：3.

③ 齐振海，袁贵仁. 哲学中的主体和客体问题[M]. 北京：中国人民大学出版社，1992：16.

代大学生，使大学生能够真正成为自己的主人，实现自身自由自觉的选择和个性自由发展，实现物质与精神、知识与能力、智力与体力、生理与心理等各项素质的全面发展。

（二）新时代大学生共享发展理念培育的内容

共享发展理念培育的内容是大学生共享发展理念培育目标的具体化，它直接关系到大学生共享发展理念培育目标的实现和任务的完成。大学生共享发展理念内容的确定应当坚持理论与实际的统一，应当坚持科学性与主体性相结合的原则，应当根据大学生共享发展理念培育的目标和大学生的实际情况，从与共享发展理念有关的"三观"教育、社会主义利益观教育、责任担当教育入手，有针对性地选择教育内容，切实增强共享发展理念培育的实效性。

1. 对大学生进行"共享"的"三观"教育

对大学生进行"共享"的"三观"教育，就是要使大学生在共享发展理念的指导下，树立起"共享"的世界观、人生观和价值观。习近平总书记指出："要树立正确的世界观、人生观、价值观，掌握了这把总钥匙，再来看看社会万象、人生历程，一切是非、正误、主次，一切真假、善恶、美丑，自然就洞若观火、清澈明了，自然就能做出正确判断、做出正确选择。"[1]因此，在共享发展理念的指导下，应引导大学生树立"共享"的世界观，帮助大学生能够以"共享"的思维方式看待周围世界，发现共享发展所面临的各种热点难点问题。引导大学生树立"共享"的人生观，帮助大学生选择"共建共享"的人生道路，即共同建设中国特色社会主义，共同享有改革发展成果。应引导大学生树立"共享"的价值观，帮助大学生扣好人生的"第一粒纽扣"，指导大学生区分和判断是非、好坏，使大学生在与他人共享自身的优势的同时也能学会接纳他人的分享，并将其转化为自身所用。帮助大学生树立"共享"的世界观、人生观、价值观，能够使大学生群体在正确"三观"的指引下，将共享发展理念内化于心，外化于行，融于自己学习、生活、工作的方方面面，从而推动全社会共享发展的早日实现。

---

[1] 习近平. 习近平谈治国理政（第一卷）[M]. 北京：外文出版社，2018：173.

2. 对大学生进行"共享"的利益观教育

对大学生进行"共享"的利益观教育，就是要使大学生在共享发展理念的正确指导下，本着"共享"的态度，通过"共享"的实践行为去对待和解决遇到的各种利益问题。大学生利益观的正确与否将直接影响他们的"共建共享"行为。对大学生进行"共享"的利益观教育就是要把利益观建立于全民共享层面，使大学生明确认识到，"共享"不仅仅是个人享受改革发展的成果，更应是人人共享，各得其所。应把利益观建立于"全民共享"层面，使大学生明确认识到，"共享"不仅仅是物质利益方面的共享，而是全面共享经济、政治、文化、社会、生态各个方面的建设成果。应把利益观建立于"共建共享"层面，使大学生明确认识到，"共建"是"共享"的前提，"共享"是共建的动力和目标，只有人人参与共建，才能人人获得共享。应把利益观建立于"渐进共享"层面，使大学生明确认识到：共享发展不可能一蹴而就，必将有一个递进的发展过程，是以现实问题为导向，逐步解决人民所面临的切身利益问题，这样才能实现共享发展。因此，对大学生进行"共享"的"利益观"培育，使大学生能够正确地对待和处理个人与社会、个人与集体、个人与他人之间的现实的利益关系，培养积极向上的、愿意与他人共享、与社会共同进步的心态，必将促进全社会的共享发展。

3. 对大学生进行"共享"的公平正义教育

对大学生进行"共享"的公平正义教育，就是要使大学生在共享发展理念的指导下对社会公平正义有进一步的理解与体会。实现共同富裕不仅仅意味着要共享物质成果，更蕴含着平等、公正、人道等道德价值。习近平总书记指出："生活在我们伟大祖国和伟大时代的中国人民，共同享有人生出彩的机会，共同享有梦想成真的机会，共同享有同祖国和时代一起成长与进步的机会。"① 在共享理念的指导下，使大学生明确：共享发展是使全体人民平等参与到改革发展进程中来，全民共享改革发展成果。应将"共享"的公平正义教育应用到大学生的课堂学习、日常生活、校园活动和社会实践中去，打破传统的"以师为尊"理念，促进教师和学生之间的平等

---

① 习近平. 习近平谈治国理政（第一卷）[M]. 北京：外文出版社，2018：40.

交流和谐交往。应破除学生干部之间存在的"官僚主义"作风，建立人人平等、为同学服务的思想，为学生提供公平正义的发展平台，应鼓励学生之间进行平等和谐的交流和交往，引导大学生群体树立平等、友好、共享的人际交往观，以加深大学生对共享发展理念指导下的"公平正义"的理解，不断促进社会共享发展的实施与进步。

第五章 共享经济背景下大学生德育创新路径

通过前文对大学生公共道德和德育的现状以及出现问题原因的分析，可见我国共享经济发展的速度之快，同时共享领域出现的问题和困难也很多，对大学生在道德上造成的冲击不小。在共享经济的情景下，究竟如何提高大学生的道德素质是我们亟待解决的问题。这就需要我们多角度地考虑问题，转变高校德育理念，创新大学生德育路径，将道德自律与他律相结合，培养德智体美劳全面发展的时代新人。

一、树立共享、共融、共识的德育理念

中华人民共和国成立以来，高校德育在实践中探索，在继承中发展，在改革中创新，走出了一条具有中国特色的社会主义高校德育的新路子，积累了丰富的德育经验。改革开放以来，随着高校德育环境的变化，高校德育的发展，是一个在理论上不断深化的过程，德育理念也在对传统德育理念的批判和反思中不断转型和发展。随着互联网的发展，共享经济的出现方便了大学生的生活，减少了公共资源的浪费。共享经济给我国的发展带来了机遇，同时也带来了挑战。大学生的公共道德现状跟经济的发展呈现出了不对等的特点，出现了种种道德失范的现象，因此，在共享经济背景下，高校德育理念需得到相应的创新和转型以适应时代的要求。

（一）树立共享理念，促进互为资源型的德育关系构建

大学生是具有批判思维、独立意识的个体，但在传统德育中，教师占绝对主导地位，学生处于被动接受地位，这种德育模式在大数据时代存在诸多局限。借助互联网，学生可以获取到海量信息，其主体性得以充分发挥。甚至在某些方面，学生将成为教师的"老师"。因此，在高校德育中，

师生关系步入了互为教育资源的共同成长阶段。

1. 传统德育下主客体关系对立的批判

传统观点认为，实践是主体有目的性地进行客观物质改造的客观活动过程。[①]这一观点将主体、客体置于两极对立的框架中，撇开了实践主体之间的物质关系或社会关系，使实践中的主体、结构和关系单一化。在这种实践观的指导下，传统德育把教育者当作主体，将受教育者视为客体，德育就是有目的地对受教育者施加意识形态的影响，使其形成符合一定社会要求的思想品德的实践活动。传统德育和智育等量齐观，它向学生传输被普遍化和客体化的道德知识，这种知识丧失了具有生命表征的内容，忽视人的情感和态度。通过这样的知识化，德育倒是成了一门系统、科学的学问，但是德育忘了本，忘了它原本来自生活，背离了道德本性，失去了道德教育的意义和价值。[②]

德育建立在人与人互动的基础之上，这种互动的本质属性是主体间的精神交往。精神交往是与物质交往相对应的概念，其要义在于人的自觉性、精神性、交流性。精神交往是人的自觉的精神活动，是主体间的思想、意识、观念等的交流，它表现了交往双方在精神上的双向互动。[③]

2. 网络环境下德育生态的变革

第一，双轨德育的出现。双轨德育是顺应互联网时代的出现而出现的，即由传统的单线的现实德育变为现实德育与网络德育并轨。互联网不再仅仅是传递信息的媒体，而正在成为一种新型的社会形态。这个社会不再是一种拟态社会，而是与现实生活相互交融、不可分割的重要组成部分。网络社会与现实社会并不是两个完全独立的存在，网络中所谓的虚拟毕竟也是现实生活的组成部分，其主体是现实的人，其理论和事实的建构与现实社会有着千丝万缕的联系。

第二，德育链的转变。因德育的强价值性和目的性，德育过程中的教

---

① 任平. 马克思主义交往实践观与主体性问题：兼评"主体—客体"两极哲学模式的缺陷 [J]. 哲学研究, 1991（10）：11-19.
② 鲁洁. 边缘化、外在化、知识化——道德教育的现代综合征 [J]. 教育研究, 2005（12）：11-14, 42.
③ 骆郁廷, 郭莉. 精神交往：思想政治教育互动关系的本质 [J]. 教学与研究, 2014（01）：73-78.

育者和受教育者的关系就像牢牢拴在一起的链条。传统德育是教育者对受教育者进行价值观念和道德规范的传递，有一对多、面对面等形式。网络的出现打破了这一固有的现状，人人都是教育者，在网上人人都是受教育者，改变了传统德育那种现场的针对性、目的性和系统性，转而表现出随意性、随机性和零乱性。网络德育可以是一对一、一对多、多对一、多对多的形式。因此，在网络环境下德育链悄然发生了转变。

第三，德育挑战的加大。在网络社会，人们接收的信息庞杂，人们的阅读习惯逐渐被快餐式产品和零散的时间所改变，深度阅读变成了浅阅读。浅阅读是指人们借助现代媒介从符号中获取某种信息或者意义的一种社会实践活动，阅读时间零散化、阅读思维跳跃化、阅读内容碎片化，其更注重追求阅读过程的视觉快感和心理愉悦，不求甚解的心态越来越普遍。浅阅读的盛行正在逐渐瓦解人建立在纸质印刷文化上的思考能力和理性思维，其结果使人很容易被"有预谋"的价值观念和道德指引牵着走，失去了在网络社会的价值防御能力和道德批判能力，给网络德育带来了极大的挑战。

3. 主客体互为资源的新型关系构建

网络环境下的德育生态变革，大数据时代下人们思维方式的转变，正逐渐摆脱传统德育下主客体的二元对立，转而形成主客体互为资源的新型关系。一般语境下的"资源"指的是生产资料或生活资料的天然来源，德育语境下的"资源"是人在价值观念形成或思维运动过程中给外界提供的无形的生产资料。在网络德育语境下，互为资源关系的构建主要依据如下。

第一，人的本质属性即主体性。马克思指出："人的本质不是单个人所固有的抽象物，在其现实性上，它是一切社会关系的总和。"[1] 人的本质决定了人与人之间的物质联结性和资源共通性。人是自然存在、社会存在和精神存在的统一。在自然存在中，人共享自然资源，在社会存在中，人各司其职。而精神上的依存则由物质上的联系所带来，不管是文化、精神产品、价值观念、道德规范等都是在人与人的交往中产生，并为人所共有。在这一过程中，人的主体性起了决定性作用。人的主体性是人性中最能体现人本质的部分，马克思从社会实践的角度揭示了人的主体性，认为社会

---

[1] 中共中央马克思恩格斯列宁斯大林著作编译局编译. 马克思恩格斯选集（第一卷）[M]. 北京：人民出版社，2012：139.

实践活动是人的主体性生成的主要根据。实践生成了人与人之间的主体性，其包含两个倾向：一是两个或两个以上主体间相互认识、相互理解的倾向；二是两个或两个以上主体间对同一事物达成相同理解的倾向。正是这两种倾向构成了互为资源德育关系的前提。

第二，网络的本质属性即交互性。网络为人们提供了一个更为自由开放的、双向互动的对话交流平台，并且能以共同的兴趣、话题将人们组成一个虚拟社区，并以强大的连通性，用超文本链接的方式将多种资源融合在一起，成为广受欢迎的社会交际、意见分享、信息传播的工具和平台。[①] 网络为资源的流通提供载体和途径，网络主体的自由选择和自主学习的权利超越了传统场域中学习主体的具体情境而得以充分彰显。在网络信息平台中，网络主体既可以对他人施加影响，也可以选择性地接受他人的影响。网络主体对影响的选择权的把握不再使传统教育权威掌握绝对的道德资源优势，教育者可以给受教育者提供一定的资源，受教育者反过来也可以给教育者提供一定的资源。

（二）树立共融理念，促进网络与现实德育场域耦合

习近平总书记指出："互联网是一个社会信息大平台，亿万网民在上面获得信息、交流信息，这会对他们的求知途径、思维方式、价值观念产生重要影响，……"[②] 习近平关于互联网的重要论述是马克思主义中国化的最新理论成果，表明我们对互联网的认识达到了新的高度，逐渐由以往的消极抵御向主动作为转变。高校德育工作者要正确认识到网络空间不仅给现实德育带来了复杂影响，同时也是德育的重要载体，应将其放在与现实德育同等重要的地位，促进网络和现实的共融，以避免共享经济背景下德育的片面化、单向化。

1. 网络空间已成为人的生活空间的延伸

人的生活是在一定的空间内进行。每个人的生活都有自己的边界，上下左右，遥远临近，都界定了个人生活的场所、位置，这就是对空间的体

---

① 王秀丽. 微行大义：社会化媒体时代的公益变革与实践[M]. 北京：北京大学出版社，2013：4.
② 习近平. 在网络安全和信息化工作座谈会上的讲话（2016年4月19日）[M]. 北京：人民出版社，2016：6.

验和感觉。空间有现实和虚拟之分,现实空间是人与生俱来的,而虚拟的网络空间成为人生活空间的一部分,经历了一个逐渐嵌入的过程。网络空间形成之初,它只是作为生活空间的一项补充,具有工具属性。随着科技的发展和进步,网络越来越成为人们生活中必不可少的一部分。互联网创造了全新的社会生活形态,互联网对整体社会的影响已进入新的阶段。网民规模的扩大不仅是数量上的变化,在更深层次上又为人创造了新的生活空间。

网络空间由生活空间升华为影响人们的价值塑造的德育空间,需要人作为主体的承认与接受使其变成现实。"承认"既是一个政治哲学概念,也是一个道德哲学概念,指不同个体之间、个体与共同体之间、不同共同体之间在平等基础上相互承认与肯定。① 人们的生活深受网络影响,网络搭建了便捷的交流桥梁,畅通了信息获取渠道,提供了生活服务新平台,释放了人的自由天性。如借助"互联网+",使互联网与传统行业进行深度融合,即传统集市加互联网成就了淘宝,传统百货卖场加上互联网成就了京东,传统银行加上互联网成就了支付宝,传统医疗机构由于互联网的介入,使得人们在线求医问药成为可能。

2. 德育生活化必须积极利用网络空间

德育生活化旨在回归德育本质。一是回归德育生活性本质。德育就是育德,道德源于生活。唯物主义认为,道德作为一种调节人与人、人与社会之间关系的规范,源于人类物质生产和社会生活的需要。生活需要道德,没有道德的生活是不值得过的,道德为人的生活提供某种担保,就像梯利(Frank Thilly)所说:"道德规范的目的在于使个人和社会的生活成为可能,道德行为具有促进个人和社会利益的倾向。道德画了个圆圈,人们在圆圈内可以安全地追求各自的目的而不会相互伤害。"② 二是回归德育实践性本质。实践是生活的基本属性,德育的生活性本质决定了其实践性本质,道德知识可以通过教育途径获得,但个体的德性只能在实践中生成。德性并非出于本性、本能,自然给了我们接受德性的能力,但这种能力的成熟需

---

① 金家新. "承认"理论视域下的学校道德教育探析 [J]. 高校教育管理, 2013, 7(06): 100-105.
② [美]梯利·F. 伦理学概论 [M]. 何意, 译. 北京: 中国人民大学出版社, 1987: 184.

要实践，需要在生活中形成道德习惯。① 三是回归德育应然性本质。道德反映的不是"实是"而是"应是"，它不是人们现实行为的写照，而是把这种现实行为放到可能的、"应是"的、理想的世界加以审视，用"应是"、理想的标准来对它做出善、恶的评价，并以此来引导人们的行为。② 正是通过这种"应该是怎样"的评价标准，建构了人们可能的道德生活，使得人们能在生活中不断超越现实、走向未来、获得提升。

大数据的相关性思维揭示，伴随时代的发展，德育需回归生活化的本质才能更好地发挥作用。人的生活空间为德育生活化提供了场域，网络空间成为人生活空间的延伸，因此，从逻辑建构和实践经验来看，网络空间已然成为德育生活化场域，并不断与以现实空间为基础的传统场域融合，这一客观现实迫使德育工作者必须积极利用好网络空间。

要利用好网络空间，必须使现实场域和网络场域融合。以现实空间为基础的生活场域和以网络空间为基础的虚拟场域，两个场域相互融合和共同作用促进了德育生活化。一是德育主体性的彰显。实践证明，网络已不是虚幻的空间，而是个体进行生产、生活活动的重要实践场域。在网络空间中，个体不再依附、盲从权威，个人主体意识得到强化，网络场域中的主体具有平等的地位。二是开放了传统封闭的德育环境。传统德育场域中以教育者为中心，教育者因占据统治地位的价值观念而获得权威。在这种较为封闭的场域中，由于缺乏对受教育者的关照导致信息流通较为缓慢，且在封闭环境下，教育压力使教育对象被动接收的局面也在一定程度上削弱了教育实效。在网络空间中，教育者和受教育者都没有特定的对象，各种道德影响方式也趋于多元。三是丰富了德育生活化条件。传统教育模式的层级关系在网络生活中不复存在，中心化与去中心化的结合构建了新的德育生活化形态。在网络空间中，道德习得是主体以自身生存需要和精神需要为动力，经过长期的实践，通过反复的经验内化为意识和能力，使德育对象主动获得向善的道德品质和构建向善的行为模式。网络场域以现实场域为基础，人们通过网络场域的个人叙事来反映现实场域中的思想动态。

---

① 冯建军. "德育与生活"关系之再思考——兼论"德育就是生活德育"[J]. 华中师范大学学报（人文社会科学版），2012, 51（04）：132-139.

② 鲁洁. 道德教育：一种超越[J]. 中国教育学刊，1994（06）：2-8.

同时，个人叙事基于生活经验，通过挖掘蕴含的素材，引导人们道德叙事，使其在网络生活中反思和体验其内心情感，道德立场乃至生命进程。①

3.筑牢网络共同体、优化网络德育环境

大数据更新了人们的认知方式，也逐渐改变了人们对传统德育的印象。它在开辟德育生活化新途径的同时也带来了一些挑战，包括德育生活化方向的背离、传统场域和网络场域价值观的相悖、西方价值观念的入侵等。在此背景下，筑牢网络共同体、优化网络德育环境十分必要。

要实现这一目标，需从理念、内容、方式上入手。首先，转变网络德育理念。人的思想理念是人对环境的反映，网络的特点、人发展的需求决定要树立开放性理念以适应多元文化与价值环境；传统知性德育的弊端要求教育者树立主体发展性德育理念；网络资源的丰富性也要求树立主动利用的德育理念以主动挖掘网络德育资源，而不是疲于应对网络不良环境。其次，在内容上，一是弘扬主旋律。众声喧哗的"闹相"削弱了德育的功能，德育主体要充分发掘网络优秀资源，营造符合社会主义核心价值观倡导的舆论环境，学会转换，辩证地看待当前网络上的事物，引导网民形成良好的网络心态。二是传播正能量。当前复杂的网络环境稀释、消解了传统德育的效果，一些新媒体为了获得关注和点击，刻意加工以博人眼球，使人生活在一个负能量大于正能量的网络环境当中。与此同时，传统主流媒体的正性宣传在与网络负性宣传的对冲中，使得主流价值不太凸显，容易模糊。网络媒体要坚守社会主义意识形态主阵地，坚持主流价值导向。在方式上，教育者提高媒介素养，要学会发声。环境的变化导致适应环境的方式也要有所变化，教育者要主动学会使用当前的新媒介，要活学、常知、善用。首先是敢发声，增强话语权。当前在网络上的德育工作者发声太少，影响太小，导致一些非主流的声音甚嚣尘上，这就要求德育工作者敢发声、发好声。其次是常发声，提高辐射力。可以利用当前的一些新兴媒体如论坛、微博、博客、朋友圈、公众号等媒介积极发声，掌握主动权，营造良好的网络舆论氛围，巩固主流价值观阵地。

---

① 黄华. 微博与青少年德育：困境与出路——基于叙事理论的探究[J]. 教育科学研究，2015(08)：65-69.

（三）树立共识理念，促进凝聚主流价值德育目标实现

促进主客体关系的平等化、实现网络空间与德育现实的耦合，两者都潜含价值整合过程，其目标指向为凝聚主流价值共识。在这关键的环节，需要德育工作者正视因网络生态多样化带来的价值分化的现实，警惕多元价值并存中主流价值被弱化，并从激发价值主体内部力量和外部力量入手，以实现德育目标。

1.正视网络生态多样导致价值分化的现实

网络技术的发展使得网络内容丰富、传播速度快、传播途径多样，以内容、途径、速度为基础构成了一幅多样的网络生态。大数据时代，数据流以海量计算，极大地满足了人的价值需求，使每一种价值需求都能找到相应的居所。网络生态的多样关注到个体，激活了人的主体性、能动性、参与性和创造性，但网络生态同时也带来了价值观的分化。网络在激发人的主体性的同时也释放了人的自由天性，随之而来的是模糊了网络生活的规则意识。在现实生活中，人们知道该说什么、该做什么，一旦移位到网络上，人们就会不自觉地淡化这种意识。在现实生活中，因道德的说教以及众人的围观，人们能以道德的"高标"来要求自己，但回归到网络这样缺乏说教和被围观的环境当中，人们转而用道德的"底线"来要求自己，道德的"高标"和道德的"底线"同时出现在人的生活空间中，进而异化人的品格，分化人的价值观念。

2.警惕多元价值并存状态下主流价值被弱化

大众传媒既为人们提供了形成思想共识的公共领域，也为人们提供了价值观念选择的多元取向。一般认为，多元价值的要义有三：一是承认多样，即认可多种不同思想、观点、价值、学说的"合法性"；二是倡导主流，即在多种思想观点、价值取向并存的状态中，由一种主流观点或主旋律来引导；三是确保底线，即存在一种最低限度的公共道德或法律规范，成为人们行为的底线。三者缺一不可。在当前的网络德育环境中，各种思想观念、价值取向充分涌动，主流价值逐渐在多元价值的冲刷下弱化，主要体现为主流价值在网络生活中的无力感，主流价值发出的声音容易被淹没；在网络生活中的辐射力不强，体现在一些官方平台的"粉丝"数不如一些自媒体、不如一些娱乐明星，转发量、点赞量也不多；在网络舆论形态中的话语权

不够高，主流价值的发声容易受到质疑，容易被习惯性反击，形成价值误区。

原因在于：其一，道德权威异质化。传统组织化的教育主体试图尽力发挥其在网络空间中的影响力，然而信息网络场域中的主体间自主选择性的道德学习在本质客观上要求对信息网络教育权威主体进行系统重构。在教育权威系统重构过程中，部分传统化、系统化的教化结构被逐渐消解。与此同时，网络极大的自主性允许网络主体平等对话、共享交流的平台和空间，平等主体在自我选择中使得群体中的个别人成为意见领袖及网络道德权威，他们所秉持的价值观念获得了群体内的传播力，形成了一定的影响力。其二，缺乏持续作用路径。价值观念要真正入脑入心，要经过价值认知、价值情感、价值体验和价值实践。在极度开放的网络空间，特别是在大数据时代，传统的教化手段被快速流动的信息进行碎片化切割，各种价值观念如同走马灯似的在人头脑中只能闪现，不能停留。信息化社会的一个铁的规则，便是它不容许任何一个信息长时间占据社会的信息空间。①信息被动传递的压力降低甚至消失，除非网络主体加以主动学习，主动投入情感，主动在现实生活中实践体验，否则快餐式的价值观念会逐渐弱化主流价值的影响。其三，网络主体的隐匿性。价值的载体在于具体的人。第一种隐匿方式是网络主体在开展网络生活时，往往有意无意地隐瞒或者省略自己的真实身份，并代以符号；另一种隐匿的方式是个体虽以真实身份生活于网络，但是网络群体的庞大使其很难被注意到，人们有时会感到自己被淹没在群体中，于是个人意识和理解评介感丧失，个体的自我认同被群体的行为与目标认同所取代，个体难以意识到自己的价值和行为。在这种隐匿的情况下，个体不在场的状态使现实生活中的价值意识和价值监督机制很难发挥作用。

3.实现价值共识的德育目标

从内涵上来说，德育目标即价值共识。价值共识既包括个体自身多种价值的协调，也包括个体与个体形成的社会层面的价值协调。当前，要实现这两个层面的协调，关键在于网络人和现实人的统一。所谓网络人，是指在网络环境中网络主体受网络技术、信息、价值、观念等内容影响而被

---

① 张铁勇. 论以谋求共识为核心的德育理念[J]. 道德教育，2003（06）：67-71.

形塑成某种特定德育目标的角色。现实人则是按照现实社会中的基本规范标准来要求并能够实现某种期望和目标的角色。网络人的缺场和现实人的在场,使两者承担着不同的价值期待,导致人的定位及塑造模式也存在差异,加之身份的反差,最终使个体发生价值裂变。社会价值共识是德育的最终目标,社会是人交往的集合,人作为构成社会的因子,其自身的全面发展离不开社会环境,离不开社会对个体的反哺,这种反哺的力量源自价值共识。

要实现价值共识:首先,要激发价值主体内部的力量。其要义在于在以人为本理念的指导下,实现主客体的平等对话。以人为本理念是指导一切社会实践的核心,网络的发展极大地释放了人的天性,德育目标的实现需顺应这种趋势。道德教育不再是一个自上而下地传递和灌输道德知识和行为准则的单向度的发展过程,而是一个教育者和受教育者在对话与实践中不断交流与沟通,逐步达成公平合理的行为准则共识的过程。[1]平等对话不强迫他人接受某种观念,鼓励大家提出自己的观点和看法,通过相互分析、判断、质询、辩驳来达成具有理性的价值共识。不同的主体有各自不同的价值追求,但也有共同的价值追求。各主体首先意识到共同价值的存在,然后追求共同价值,以大局和共同利益为重,秉着互利互惠的原则,在此基础上,各主体对各自的价值追求做出适当的调整和让步,价值共识就有可能达成。这种价值共识不是一个最终的结论,而是对话方形成的一个具有开放性和价值张力的观念,价值共识不是一种终极的观念,而是在引导人的发展过程中不断修正和完善的思想工具。其次,依靠价值主体之外的力量。其要义在于从根源处寻找价值共识,回归传统文化的伦理性精神。第一,倡导知行合一,破解当前网络德育过程中的思此做彼的弊病,为德育目标的实现打下基础。第二,注重中华优秀传统文化与社会主义核心价值观的契合。当前最大的价值共识是社会主义核心价值观,它与中华优秀传统文化立身立人的内核是完全契合的。[2]这是因为,对于同一文化的潜意识群体和具有相同认知的人来说,往往能够提升认同和内化效度。文化的语言是文化人群对事物文化性理解和表达的工具。文化语言受时代背景和当代社会的影响,尤其是很多优秀传统文化在当代社会落不了地、生不了根、

---

[1] 胡敏中. 论价值共识[J]. 伦理学, 2008(07): 96-102.
[2] 张卫良. 大学思想品德教育的文化回归[J]. 现代大学教育, 2015(01): 95-99.

发不了芽，很大部分原因在于其缺乏相应的语言转化，因此要使中华优秀传统文化具体化、故事化、现代化。回归优秀传统文化需紧紧锚定社会主义核心价值观这根价值主线，社会主义核心价值观既传承着中华民族的优秀传统文化和民族精神，又具有时代的内涵和时代精神，在回归优秀传统文化的过程中，引导人们通过自己的认知、体验来接受和内化社会主义核心价值观，并通过日常实践，主动认同和践行社会成员普遍认同的价值共识。

二、共享经济背景下大学生德育创新路径

（一）社会层面：营造健康、有序的共享市场环境

1. 发挥政府引导作用，加快社会信任体系建设。

在有效推进当代大学生良性参与共享经济活动的过程中，政府对共享经济活动有序发展的影响与指导不可或缺。从各界对当下共享经济的发展来看，目前共享经济最大的问题在于超前的经济模式与现有社会整体素质水平、法律法规、监管之间的矛盾，从立法与执法的角度为共享经济的健康良性发展注入活力，明确共享经济活动的各类衡量标准与监管体系，确定其法律定位，成为当下我国解决共享经济规制问题的重中之重。从政策、监管、规范等角度引导共享经济活动有序发展，为当代大学生良性参与共享经济活动营造更为健全、可靠的政策环境，从而在保障共享经济市场的稳定性与可持续性的基础上，间接为作为重要参与者的当代大学生提供了政策支持。从实践的角度看，政府要进一步完善我国有关网络信息安全领域和信用体系的法律法规，同时加大对失信行为的惩处力度，执法必严，违法必究，通过社会性的惩戒机制，提高社会失信成本，引导共享经济市场环境朝着更为健康有序的方向发展。当代大学生作为社会主义事业建设的一分子，也应该充分发挥社会主人翁意识，建言献策，在一定程度上为政府决策的科学性和民主性尽一分力，从而使共享经济体系更为完善，推进共享经济体系与社会发展紧密融合，释放高效活力。信用是支撑"互联网+"经济的重要条件，特别是在共享经济模式下，交易的是单一的闲置产品或者是旧物，买方承担着一定的风险，所以此时供给方对产品或服务的客观评价就显得尤为重要。同时，网络平台内部监管机制必须确保公众

有能力、有渠道获取公开信息，共享经济需要为参与各方提供完整的信息渠道和值得信赖的声誉。在联系高度密切和更加透明的互联网世界中，失信行为将会受到严厉而及时的惩罚，诚实地共享和合作则可带来巨大回报。因此，互动越频繁，越需要信任；越诚实守信，交际越广，就会赢得越多的信誉，这是共享经济健康协调发展的关键逻辑。个体或组织信用是"互联网+"模式重要的无形资产，甚至可以作为市场准入的条件，从市场源头控制进入共享经济领域的供给方的信用标准，对于信用不佳者，可以实行市场禁入或者是信用维护之后再行进入市场。如果平台的信用评级与国家的个人信用大数据库对接，将个人信用记录纳入国家个人信用评级数据库，对建立完善的信用评价机制效果更佳。"互联网+"模式改变了传统以契约为依托的交易模式，信用便成了"互联网+"模式的灵魂。从这个层面讲，"互联网+"的信用评级机制不仅有利于共享经济发展，也有利于社会道德文明的建设。

2.完善信息安全制度，提高诚实守信意识

数字信息化时代的到来与共享经济相辅相成，在网络媒介推动下，信息技术的运用使得信息的传播达到一个前所未有的新速度，但这也意味着信息泄露的隐患更加难以预防，这需要我们不断提高对信息安全的保护。当然，这要求共享主体具备公德意识、诚实意识，在充当信息传播者时应合理筛选信息，转载正面的信息消息，筑牢预防底线，防止有人利用泄漏的信息去作案。为此，要从法律层面和道德层面共同消除泄漏信息造成的安全隐患，保障共享主体的合法权益，维护社会公共秩序。

（1）制度上完善相关法律法规，规范信息完全制度

社会之所以要确定法律和道德规则，就是为了在个人权利和公共利益间达成平衡。共享信息平台如果没有良好的道德品质操守，没有严厉的惩罚制度去监督处罚泄漏者，他们就会更加肆无忌惮。

当然除了通过单纯的立法，在当前大数据时代之下，政府与相关网络平台进行一定形式的合作，不仅可以利用先进的网络科技技术，也可以利用网络平台的数据依托，在此基础之上，可以达到互利的后果：一方面，政府机关可以完善信息安全制度和相关的法律法规；另一方面，网络平台也可以获得更多的监管和规制。总的来说，这可以为消费者提供更好的信

息安全及全方位的保障，也为共享行业的发展提供更好的一体化规制。国家各有关部门应该完善更多与共享经济相关的法律法规，通过外在强制力严厉惩罚不法者，让不法者受到应有的惩罚。

（2）道德层面上发扬诚信契约精神，弘扬社会正气

道德本身作为一种社会意识形态而存在，一方面，其必然受到社会经济关系的直接影响，当然同样的道德也会反作用于共享经济；另一方面，道德作为人理性的一种本质体现，良好的道德品质也是人性崇高、善良、美好的象征，其可以帮助人抵御社会生活中各种不良行为诱惑和侵蚀。道德是公民作为个体在社会中生存发展的必要条件，是公民作为有理性的社会存在物的精神需求，也是社会中公民全面发展的更高层次需要，更是社会生产力的重要精神力量。共享经济创制的共享产品无疑需要文化精神和价值理性的支撑，对公众也提出了更高的道德要求、更高的诚信契约精神，呼唤着企业新型道德体系为其服务，发扬诚信精神，塑造弘扬社会正气氛围。如果人人都具备诚信意识、契约精神，合理使用共享产品，那么共享经济的发展势必是健康繁荣的，不会像镜子似的把共享主体缺失的公德心显现无疑。

3.完善公共权责制度，提高公共责任意识

从公众对共享产品使用的情况分析来看，公众对公共资源的爱惜程度、对公共资源的使用程度、对公共责任的义务程度都存在问题。媒体大量报道共享单车被随意破坏、肆意盗取，破坏其他公共资源者也大有人在。[①] 这些现象无一不在提醒我们，公民的公共道德责任还有待强化提高，公共权责制度还有待完善。

（1）深化奖励惩罚机制，增强权利义务观念

趋利避害是人之本性，若社会中缺少对正确行为的肯定，对错误行为的否定，或对于正确的行为人们会不屑为之，对于错误的行为会任意为之，故而人们的行为必然会缺少标准和规范，因此我们应当完善对公共行为的奖励和相关的惩罚机制，使得正确的行为受到更多的肯定和鼓励，不正确的行为受到更多的惩罚与制约。为了获取更多的奖励，避免更多的惩罚，

---

① 秋石.正视道德问题加强道德建设——三论正确认识我国社会现阶段道德状况[J].求是，2012（07）：10-14.

人们自然会对自己的行为有所思量,有所考虑。奖惩机制能激励人向往好的利益,规避不合法的利益,且取得的效用在社会中获得了一定的赞赏好评。人们在奖惩制度下,会慎思自己的行为,激发自己的积极性,让自己的表现获得更多的益处。

(2)发挥公德榜样力量,增强主人翁观念

正如西塞罗(Marcus Tullius Cicero)所讲,不论是私人的、公共的,事业的还是家庭的任何一种生活中,不论是否有关于他人,都不可避免地存在道德责任,因为一切"有德之事"均受到这种道德责任的指引,同样一切"无德之事"也均是由于因忽视这种责任而产生。[①]作为一个在社会之中确定的人、现实的人,有使命按照社会公德行事,不论个体是否意识到该种意识的存在,社会中的人对此义务都不可避免。对这个社会我们是有使命的、有义务的、有责任的,而实现的有效途径是发挥公德榜样力量、增强主人翁观念。

充分利用社会中功德榜样的作用,引导群众完善自我个体,形成社会主流风气。当你身处在人人讲自律、重公德、重责任的文化精神氛围中,缺乏公德者不会使自己的行为格外突兀,以免引起公愤,被当作异类,被集体排斥。大部分人都不想使自己被孤立在圈外,为了不被孤立,即便内心多么不情愿,但还会去遵守共同的规则,融入这个团体之中。如此,榜样的力量间接影响自己在公共领域下的行为,会有一定程度的束缚。群体将公德品行佳的人视为榜样,发扬榜样的力量,塑造重公德的氛围,让你不自觉地从属于群体的氛围。自然而然地会改变心态,渐渐建立起群体所崇尚的公德品行,渐渐以主人翁的观念守护公共家园。对公共道德意识缺乏者,用公德榜样的力量去感染他们,引领他们向公德榜样们学习,像公德榜样那样以主人翁的角度去理解自己对社会所做的行为。应通过媒体工具广泛宣传克己、自律的榜样事例,有助于文明社会的前进,让无公德者产生了自我对比,无疑会从内心深处产生自然的羞耻感、羞愧感,意识到自己的行为是不恰当不正确的,是会遭受公众舆论的道德强烈谴责,是不融合于这个和谐文明社会的。

[①] [古罗马] 西塞罗. 西塞罗三论[M]. 徐奕春译, 北京: 商务印书馆, 1998: 91.

（二）学校：发挥共享经济背景下德育主阵地作用

1.将共享发展理念融入高校思想政治教育

高校思想政治教育活动是围绕培养什么样的人、如何培养人以及为谁培养人这个根本问题来进行的。对大学生进行共享发展理念培育就是要为国家社会发展培养具有共享、共建意识的全面发展的新时代人才。对于大学生而言，学校的思想政治理论课是他们学习和接受共享发展理念的重要渠道，因此，为了使共享发展理念内化于心，外化于行，高校思想政治理论课也应该做好共享发展理念的"三进"工作。

首先，以共享发展理念"进教材"作为基础和保障。思想政治理论课课堂作为传播党的理论、路线、方针、政策及社会主流意识形态的主阵地，其教材也必须要体现与时俱进的思想。结合当前社会共享发展过程中遇到的各种热难点问题、针对人民普遍关心的教育、就业、社保、医疗、环保等民生问题，将共享发展理念的基本内容、理论内涵、形成基础等以更加生动、直观、有活力的方式编进思想政治理论课教材中，为共享发展理念培育做好牢固的基础保障工作。

其次，以共享发展理念"进课堂"作为核心和关键。思想政治理论课是教师施展教育实践活动的主阵地，在教育实践活动过程中教师可以通过与学生之间的平等交流和有效探讨以及依托"互联网+"的教育资源共享模式，将共享发展理念的内涵和精髓以更加充分的方式细致地传授给学生。

最后，以共享发展理念"进头脑"作为理想和目标。在对大学生进行共享发展理念培育工作的过程当中，要把共享发展理念是否最终进入大学生的头脑，共享发展理念在多大程度上被大学生认可和接受，并且能够转化为他们自身的共享、共建意识，自觉地在日常行为中落实，作为共享发展理念"三进"工作的评判标准。只有把共享发展理念真正融入大学生的精神世界中，才能使他们真正理解"共享"的意义所在，才能真正投身于中国特色社会主义建设中去，在不断地共建、共享中实现自身的全面发展。

2.加强对大学生参与共享经济的引导

如果说家庭教育对大学生的影响是基础性的，那么学校教育对大学生的影响则是引导性的。高校应加强教育平台的多元性，为培育大学生共享领域的公共道德修养提供条件。只有这样，才能满足大学生的求知需要，从而使教育内容更容易被人接受。高校教育平台主要分为宣传、信息和互动类三种，要分别采取不同的措施进行加强。高校在进行公德培育的过程中，首先应该注重建立相应的宣传平台。发掘符合大学生特色的宣传内容和方式，阐明共享经济的公共道德观，提高大学生的学习积极性。平台宣传语应多以鼓励、激励的风格为引导，采用循循善诱的方式进行教育，这样才能够达到宣传的效果，使大学生听之、信之进而改正自我。同时，注意宣传选用的案例具有时代性特征。材料要与时俱进，案例的描述要尽可能地生动和鲜明，以便更加准确地表达主题思想，这样才能加深大学生的印象，到达教育的目的。高校教师也要善于利用宣传工具，利用好课堂这个重要的宣传场所。教师可以创新教学方式，比如通过演话剧、角色扮演、讨论会等方式，增强课堂的趣味性，将公共道德教育贯穿其中，这样才能吸引大学生的注意力，达到预期的教育效果。其次，注重平台的信息化。随着互联网的兴起，网络上的各种信息良莠不齐，高校应该对平台的信息及时筛选，将其中不利于大学生身心发展的信息剔除，营造良好、健康的网络环境。这样有助于提高大学生的网络分辨能力，抵制负面的垃圾信息，做到文明上网。最后，加强平台互动性。动员大学生投身于公德实践活动，使大学生在奉献社会的实践中感受公德文化，将互动的主动权交还给学生。

加强学校对大学生的引导，应该让大学生能够有参与学校公共管理的机会，这样才能培养其在共享经济领域的生活能力。新时代大学生的思想呈现出多元性，他们的需要也具有多样性，因此，要积极引导他们参与到学校的各项管理活动中来，为学校、学院、班级以及寝室的建设建言献策。在共享经济的发展过程中，问题与矛盾并存，机会与挑战共存。出现问题不可怕，可怕的是不能正视问题。

加强学校对大学生的引导，需要借助大学生组织这一平台。通过组织的力量去认识自我、学会合作，学会用沟通的方式去解决问题，在组织中，找到自己的定位，实现自己的价值。大学生组织是大学生参与社会生活的主要平台和载体。一方面，大学生组织为大学生参与社会实践活动提供了信息来源和行使权利的保障。另一方面，大学生组织也为大学生能够展示自我、表达自我和实现自我提供了舞台。正是这些大学生组织的存在，使大学生在参与共享经济领域的活动时具备了相应的能力和意识。这些意识和能力主要包括两个方面的内容：一是能够在尊重别人的基础上自由地相互交流和充分地讨论。每个人都有自身的想法，每个人的利益诉求是不同的。大学生可以利用大学生组织这个纽带去了解其他人的想法，在尊重他人的利益的基础上，实现个人、集体利益的有机统一。通过交流逐步使大学生养成合作、尊重、自由的意识。二是能使大学生找到正确的方法与人交流和表达自我，通过正确地表达自我。充分发挥主动性，能够培养大学生在性格上的独立，进而懂得对自己所做的事情负责。大学生组织是由拥有共同的爱好、兴趣的人自发聚集到一起而形成的，并在这种基础上建立起来的联系，使得大家能够向一个方向努力，进而达到互相理解、互相关心和互相支持的作用。总之，大学生组织对于大学生参与共享经济生活具有重要的引导作用，是规范大学生公共道德行为不容忽视的力量。

3.培育特色校园文化，营造健康氛围

校园文化建设是开展大学生德育的重要载体和平台，其形式的多样性和生动活泼性等特点决定了它在大学生德育中具有不可替代的作用和地位。随着教育规模的扩大，高校新建的校区增多，随之而来的就是新校区的建设多数注重时尚时代感，丢失了老校区的历史文化感。如果想全面提升大学生的道德素质，就必须重视校园建筑的规划与设计，营造良好的校园建筑文化。如果说课堂理论知识的传授对德育有着最为直接的显性教育作用，那么校园物质文化建设对共享经济发展与德育相结合就有着不同的隐性教育作用。高校物质文化建设不能只关注建筑物千篇一律的外观美，也不能陷入对数量的执着，简单的几个横幅和宣传标语只是形象工程，并不能带来深刻的实效，只会导致实际物质文化建设的内涵不足，且与德育的结合度不高。应注重融合新时代的积极价值观念于校园的物质文化建设中，如校园建筑的规划和设计包括校门、教学楼、图书馆、报告厅、体育馆等应融合起诸如共享、责任、包容此类积极价值观与诚信、爱国等核心价值观内容，以发挥其不同的实用功能；校园环境的绿化和美化包括广告栏、花草树木、雕塑、河塘、亭台等，做到艺术性与教育性相结合、科学性与观赏性相结合，充分发挥其对大学生德育潜移默化的熏陶功能；校园广播、校园网、校报等应大力宣传共享经济社会中出现的先进事迹，着重发掘其中所蕴含的德育内容，如默默无闻的人整理共享单车的事迹等，以感官上的直接冲击为开端，达到对大学生耳濡目染的教育目的。

（三）家庭：倡导优良家风，传承社会美德

"苟有善良之父母，即自然效其善良之行为。"[①] 家庭是大学生受教育的第一所"学校"，家庭教育是大学生价值观教育的前提条件。从根本上说，大学生的家庭教育问题对于其价值观发展起着直接的渗透作用，因为无论从时间的角度来说，还是教育方式来说，家庭教育对于学生来说是花费时间最多且最长的，同时教育方式也在不断变化中。

1. 立足于大学生所处的共享经济时代环境，弘扬时代主流价值观

就家庭教育而言，家长应该理解和明确共享时代社会和校园的本质，立足于其开放共享复杂的环境特点前提下，首先，需要转变自身态度，有意识地接受和学习共享经济社会中的积极思想和共享形式，以便更好地理解学生心理变化的原因。其次，有针对性地转换方式去培育发展学生的价值观，利用社会实例教育等方式引导其树立和巩固符合社会主旋律的价值观。最后，家长也应该注重培养其符合共享时代的其他积极价值观，如责任、宽容、共享等，以适应当前社会的发展和要求，塑造更加高尚完整的人格品质和道德素养。

2. 遵循大学生价值观形成和发展的规律，采用正确教育的方式

一直以来大学生的内涵理论学习、理解、掌握过程，也是大学生自我意识的形成和发展的过程。简单来说，就是大学生理应从理论认识、情感认知、信念树立、意志坚定和实践践行这几个方面去认识、认同、践行核心价值观的过程。但从大学生心理发展历程的规律和特征来考虑，大学生正处于从未成年走向成年的关键期，这是他们从幼稚走向成熟的转折期，因此无论是他们的心理还是行为都具有较强的变化性和不稳定性。

处于关键期的他们对核心价值观的认同和体验正处于初始阶段，而自我的实践遵循和自觉的践行则正处于动态变化期，也就是可塑阶段。在此过程中，只有把握该群体心理品质的特性，遵循其形成规律，在不同的阶段采用不同的教育方式，才能不断激发他们的价值认同和接纳的积极性，促使他们在日常生活和社会实践中自觉遵循和践行核心价值观。家长在这

---

① 恽代英. 恽代英全集（第一卷）[M]. 北京：人民出版社，2014：76.

种特殊时期就需要主动去学习了解当前共享社会的特点，立于学生所处环境的切身体会，用恰当、合适的教育方式去引导和疏导大学生的价值观问题，自发学习和提高使用新媒体于教育中的能力，多营造轻松愉悦的教学氛围，如多使用学生喜爱的网络用语、热点关注事件等，将大道理变成微话语、小故事。

（四）大学生个体：加强公共道德的自我养成

1. 全方位扩宽知识视野，提升辨别是非能力

虽然大学生群体在参与共享经济活动中有极为丰富的实践经验，但是在理论与概念层面对共享经济的了解颇少，理论与概念层次的缺失很可能会对日后共享经济活动的共享类产品的范围与价值判断产生负面影响，从而陷入产品选择与自我保护的盲区。在参与实际的社会活动过程中，如若因理论体系知识的缺乏而在行为选择上出现偏差，对自身合法权益的维护也会有一定的影响。因此，应推进大学生群体在共享经济相关概念及判定标准上的深入了解，从而更好地参与当下的共享经济市场活动，也为日后合理参与新型的社会活动形式打下良好的基础。

在已有的学科领域的知识范围外，对社会新生事物、学科体系外知识技能的学习也是完善自身知识架构、丰富知识储备的一种选择。随着社会进步与互联网等科学技术的发展，获取知识与信息的渠道不断拓宽，而随之而来的新信息、新知识在类型与体量上也逐渐增多。已有的学科体系类知识已远远不能满足当代大学生的成长需求，为更好地使用时代与社会的发展，从世界观与方法论的角度对当代社会的运行现状、未来的发展趋势等有一个更深的了解，成为当代大学生更好地融入校外生活的重中之重。从实践的角度看，面对瞬息万变的当代社会，大学生作为未来国家发展的关键群体，切不可故步自封。当代大学生群体在参与社会活动的过程中，面对种种活动类型，如果没有坚定的道德判断标准与价值规范，很容易陷入社会乱象中，进而影响自身的健康发展，因此，在日常生活中，应自主培养社会主流价值观，提升是非判别意识，为日后更好地参与社会活动提供方法论与价值指导。只有在保证已有学科知识被牢牢掌握之外，借助互联网，丰富自身的知识架构与知识体量，秉持虚心求教与虚心学习的态度

汲取知识营养，才能丰富自身的知识修养，提高辨别是非的能力。

2.将共享的个体需求转化为社会需求

马斯洛理论把需求分成生理需求、安全需求、爱和归属感、尊重和自我实现五类，依次由较低层次到较高层次排列。大学生的需求是多样的，也有高低的不同，同时需求也不是一成不变的，随着时代的进步而变化。需求为大学生的共享行为提供动力，大学生的共享行为与需求密切相关。因此，个体需求的类型影响社会需要的类型，科学正确的个体需要就形成了科学正确的社会需要。大学生应该努力正视自己的实际需要，将个体的现实需要转化为现实的社会需要。

首先，大学生应该学会"善思"。学而不思则罔，思而不学则殆。(《论语·为政》)大学生在共享经济中要尽可能找到满足自己需求的物品，在这一过程中，社会需求会给个体需求做出让步。大学生在共享领域进行活动时，往往只是考虑到自己的需求是否被满足，忽略了社会需求这一层面。因此，大学生平时应该注重思考，多考虑一下他人和社会的需求，只有这样才能真正做到将个体需求转化为社会需求。其次，大学生应该学会"自律"，也就是懂得自我约束。真正遵守社会公德是发自内心的自我约束，在缺少外界监管的情况下也能遵守规则。比如，在使用完共享物品后能够将其放在指定的位置，以便其他人继续使用。最后，大学生应该学会用实际行动去践行社会主义核心价值观，在思想道德层面做到诚信和友善。

3.大学生要将共享的个体意识转化为公共意识

大学生公共意识的培养要遵循个体意识发展规律。公共意识的培养需要社会、家庭和个人的共同努力，公共意识不是人与生俱来的本性。大学生的公共意识不是建立在个人的共享经验之上，而是源于公共的共享生活实践经验。这是一个将大学生个体意识转化为公共意识的过程，这一过程也是大学生在共享生活中加强与他人联系的过程。这种共享生活的经验，使大学生产生人文关怀，能够激发大学生在公共领域的向善性，从而形成共享的公共意识。大学生的公共意识表现出的是一种共享的整体观念和态度，这种整体的观念在一定程度上来说，与大学生的个体观念是不冲突的。因为个体观念是以个体的自由为前提的，这种自由可以升华为共享的整体性。大学生个体的这种自由感，包括外部环境的自由和内部因素的自由。

外部环境的自由是指大学生的共享行为不受外部环境的限制和制约，而内部因素的自由则是指大学生拥有意志和能力的自由。进一步来说，大学生公共意识的现状反映了大学生作为一个公民的责任感和使命感。具有公共意识的大学生，不会将自己的个人意识看成是一个独立的部分，而是将个体的意识放在共享领域的整体之中。大学生将与他人产生的联系作为自己和他人应该遵循的准则，最后将个体意识渐渐地转化为公共意识。

4. 大学生要将共享精神内化于心

大学生要想真正地立足于社会，自觉将共享精神内化于心是大学生能够做到公共道德自律的前提。从主观上来说，大学生应该自觉地遵守社会公共道德规范，换言之就是不受外界的监督和管理，也能够自觉地、积极地、主动地进行一切活动。它不仅是一种美好的品质，更体现了大学生良好的自我修养，是一种自觉的深刻体现。

如果说外界的教育是一种"调节剂"，那么自我教育就是"强心剂"。只有将外界公共精神转化为内在的精神所在，大学生才能真正领会共享精神的内涵和实质。比如，多阅读相关书籍，掌握最新的共享领域学术动态。养成写读后感的习惯，这样更有助于大学生理解和消化知识；同时，要结合自己的专业领域，如法律专业的大学生应该注重共享领域的法律问题，才能将法律知识普及给大众；学习中文的大学生应该注重传统文化的涉及，才能在共享生活中将传统文化加以传承。

大学生还要在共享生活实践中检验是否做到共享精神内化于心，因为实践是检验真理的唯一标准。在实践中反复学习，反复检验自己，才能升华自己。比如，大学生可以参加有关社团和志愿者服务组织，从服务的享受者转化为提供者。这样即使没有外界的监督，大学生也能将共享精神贯穿于共享生活之中。

[16] 陈嘉映编．《存在与时间》读本[M]．北京：生活·读书·新知三联书店，1999．

[17] 万俊人．道德之维：现代经济伦理导论[M]．广州：广东人民出版社，2000．

[18] 鲁洁，王逢贤．德育新论[M]．南京：江苏教育出版社，2000．

[19] 杨小微．教育研究的原理与方法[M]．上海：华东师范大学出版社，2002．

[20] Ahmed Mohamed Nabawy，郜晖．发展中国家的希望与风险：教育私有化[J]．比较教育研究，2002（S1）．

[21] [美]路易斯·拉思斯．价值与教学[M]．谭松贤，译．杭州：浙江教育出版社，2003．

[22] 张铁勇．论以谋求共识为核心的德育理念[J]．道德教育，2003（06）．

[23] 王凤才．哈贝马斯交往行为理论述评[J]．理论学刊，2003（05）．

[24] 谢廷平．论德育功能．[J]西北工业大学学报（社会科学版）：2004（03）．

[25] 王淑芹．信用伦理研究[M]．北京：中央编译出版社，2005．

[26] 刘献君．大学德育论[M]．武汉：华中科技大学出版社，2006．

[27] 陈弱水．公共意识与中国文化[M]．北京：新星出版社，2006．

[28] 何静，李化树．价值澄清理论及其对我国德育的启示[J]．当代教育论坛，2007（06）．

[29] 钱扑．教育私有化浪潮及其社会成因剖析[J]．外国中小学教育，2007（11）．

[30] Lawrence Lessig L.Making Art and Commerce Thrive in the Hybrid Economy [M].New York:Penguin Press,2008.

[31] [英]亚当·斯密．道德情操论[M]．谢宗林，译．北京：中央编译出版社，2008．

[32] [美]拉斯·特维德．逃不开的经济周期[M]．董裕平译，北京：中信出版社，2008．

[33] 胡敏中．论价值共识[J]．伦理学，2008（07）．

[34] 赵汀阳．坏世界研究：作为第一哲学的政治哲学[M]．北京：中国人民

参考文献

[1] [美]约翰·杜威. 人的问题[M]. 傅统先，邱春，译. 上海：上海人民出版社，1965.

[2] [美]梯利·F. 伦理学概论[M]. 何意，译. 北京：中国人民大学出版社，1987.

[3] [美]约翰·罗尔斯. 正义论[M]. 何怀宏，等，译. 北京：中国社会科学出版社，1988.

[4] 袁贵仁. 价值学引论[M]. 北京：北京师范大学出版社，1991.

[5] 任平. 马克思主义交往实践观与主体性问题：兼评"主体—客体"两极哲学模式的缺陷[J]. 哲学研究，1991（10）.

[6] 齐振海，袁贵仁. 哲学中的主体和客体问题[M]. 北京：中国人民大学出版社，1992.

[7] 冯增俊. 当代西方学校道德教育[M]. 广州：广东教育出版社，1993.

[8] 鲁洁，等. 德育新论[M]. 南京：江苏教育出版社，1994.

[9] [德]哈贝马斯. 交往行动理论（第1卷）[M]. 洪佩郁，等，译. 重庆：重庆出版社，1994.

[10] 鲁洁. 道德教育：一种超越[J]. 中国教育学刊，1994（06）.

[11] [日]尾关周二. 共生的理想：现代交往与共生、共同的思想[M]. 卞崇道，刘荣，周秀静，译. 北京：中央编译出版社，1996.

[12] [法]利奥塔. 后现代状况[M]. 上海：上海三联书店，1997.

[13] 傅永军. 批判的意义：马尔库塞、哈贝马斯文化与意识形态批判理论研究[M]. 济南：山东大学出版社，1997.

[14] 顾明远，主编. 教育大辞典[M]. 上海：上海教育出版，1998.

[15] 袁纯清. 共生理论[M]. 北京：经济科学出版社，1998.

大学出版社，2009.

[35] 金林祥. 蔡元培论杜威[J]. 湖南师范大学教育科学学报，2009，8（01）.

[36] Botsman R.,and Rogers R.What's Mine Is Yours:The Rise of Collaborative Consumption[M].New York:Harper Business,2010.

[37] 易莉. 从价值中立到核心价值观——美国品格教育的回归[J]. 教育学术月，2011（05）.

[38] 冯建军. "德育与生活"关系之再思考——兼论"德育就是生活德育"[J]. 华中师范大学学报（人文社会科学版），2012，51（04）.

[39] 秋石. 正视道德问题加强道德建设——三论正确认识我国社会现阶段道德状况[J]. 求是，2012（07）.

[40] [英]罗素. 罗素的道德哲学[M]. 唐译，编译. 长春：吉林出版集团，2013.

[41] 李新祥，潘存满. 幸福中国人：对话年轻企业家潘存满[M]. 杭州：浙江人民出版社，2013.

[42] 王秀丽. 微行大义：社会化媒体时代的公益变革与实践[M]. 北京：北京大学出版社，2013.

[43] 任友群，徐光涛，王美. 信息化促进优质教育资源共享——系统科学的视角[J]. 开放教育研究，2013，19（05）.

[44] 金家新. "承认"理论视域下的学校道德教育探析［J］. 高校教育管理，2013，7（06）.

[45] Wosskow D.Unlocking the Sharing Economy:An Independent Review[EB/OL]. Department for Business,Innovation & Skills,2014.

[46] 檀传宝. 德育原理[M]. 北京：北京师范大学出版社，2014.

[47] [美]希勒·J. 非理性繁荣[M]. 廖理，译. 北京：中国人民大学出版社，2014.

[48] 江英飒，潘坤，尹君等. 高校师生核心价值观的构建与实践[M]. 成都：四川大学出版社，2014.

[49] Belk R.You Are What You Can Access: Sharing and Collaborative Consumption Online[J].Journal of Business Research,2014（08）.

[50] Stephany A.The Business of Sharing: Making it in the New Sharing Economy[M].London:Palgrave Macmillan,2015.

[51] [美]雷切尔·博茨曼,路·罗杰斯. 共享经济时代:互联网思维下的协同消费商业模式[M]. 唐朝文,译. 上海:上海交通大学出版社,2015.

[52] 陈万柏,张耀灿. 思想政治教育学原理(第3版)[M]. 北京:高等教育出版社,2015.

[53] 张卫良. 大学思想品德教育的文化回归[J]. 现代大学教育,2015(01).

[54] 李静宇. 专车生死劫[J]. 中国储运,2015(08).

[55] 黄华. 微博与青少年德育:困境与出路——基于叙事理论的探究[J]. 教育科学研究,2015(08).

[56] 马化腾,等. 分享经济:供给侧改革的新经济方案[M]. 北京:中信出版社,2016.

[57] [英]亚当·斯密. 国富论(Ⅰ-Ⅲ卷)[M]. 谢宗林,李华夏,译. 北京:中央编译出版社,2016.

[58] Kevin Kelly.The Inevitable:Understanding the 12 Technological Forces That Will Shape Our Future[M].New York: Penguin Random House LLC,2016.

[59] 张永缜. 共生的论域[M]. 北京:中国社会科学出版社,2016.

[60] 檀传宝. 德育理论[M]. 北京:北京师范大学出版社,2016.

[61] 郑志来. 共享经济的成因、内涵与商业模式研究[J]. 现代经济探讨,2016(03).

[62] 董成惠. 共享经济:理论与现实[J]. 广东财经大学学报,2016,31(05).

[63] 姜奇平. 《共享经济》中的共享发展理念[J]. 互联网周刊,2016(06).

[64] 张岩磊,高苑. 培育大学生社会主义核心价值观之和谐观的思考[J]. 思想理论教育导刊,2016(06).

[65] 宋逸群,王玉海. 共享经济的缘起、界定与影响[J]. 教学与研究,2016(09).

[66] 张玉明. 从私有到公用:分享经济的实质和绿色发展之路[M]. 北京:

人民出版社，2017.

[67] 赵春林. 共享主义论[M]. 北京：中国商业出版社，2017.

[68] 李鸿诚. 共享经济：双创背景下的共享模式创新[M]. 北京：企业管理出版社，2017.

[69] 姜奇平. 分享经济：垄断竞争政治经济学[M]. 北京：清华大学出版社，2017.

[70] 联合国教科文组织. 反思教育：向"全球共同利益"的理念转变？[M]. 联合国教科文组织总部中文科，译. 北京：教育科学出版社，2017.

[71] 戈志辉. 共享革命[M]. 北京：中国发展出版社，2017.

[72] [美]史蒂文·希尔. 经济奇点：共享经济、创造性破坏与未来社会[M]. 苏京春译，北京：中信出版社，2017.

[73] 郭树华，梁任敏，徐薇. 中级宏观经济学[M]. 北京：北京大学出版社，2017.

[74] 凌俊. 弘扬新主人翁精神，塑造学工队伍新形象[J]. 新校园（上旬），2017（05）.

[75] 郑联盛. 共享经济：本质、机制、模式与风险[J]. 国际经济评论，2017（06）.

[76] 赵晓，等. 共享经济2.0：谁将引领明天[M]. 北京：经济日报出版社，2018.

[77] 袁文全，徐新鹏. 共享经济视阈下隐蔽雇佣关系的法律规制[J]. 政法论坛，2018，36（01）.

[78] 常庆欣，张旭，谢文心. 共享经济的实质——基于马克思主义政治经济学视角的分析[J]. 马克思主义研究，2018（12）.

[79] 韩迎春，刘灵. 推进"民族精神"与"时代精神"融合发展[J]. 中南民族大学学报（人文社会科学版），2019，39（05）.